clave

Borja Vilaseca (Barcelona, 1981) está felizmente casado y es padre de una niña y un niño. Trabaja como escritor, divulgador, filósofo, conferenciante, profesor, emprendedor, empresario y creador de proyectos pedagógicos orientados al despertar de la consciencia y el cambio de paradigma de la sociedad.

Es el fundador de Kuestiona, una comunidad educativa que impulsa programas presenciales y online para que otros buscadores e inconformistas puedan desarrollarse en las diferentes áreas y dimensiones de su vida, presente en siete ciudades de tres países. También es el creador de La Akademia, un movimiento ciudadano que promueve de forma gratuita educación emocional y emprendedora para jóvenes de entre dieciocho y veintitrés años, presente en más de cuarenta y cinco ciudades de seis países. Y actualmente está liderando el proyecto Terra, una propuesta de escuela consciente que pretende revolucionar el sistema educativo.

También es uno de los referentes de habla hispana en el ámbito del autoconocimiento, el desarrollo espiritual y la reinvención profesional. Es experto en eneagrama. Desde 2006 ha impartido más de trescientos cursos para más de quince mil personas en diferentes países y desde 2017 ofrece sus seminarios en versión online.

Como escritor, es autor de cuatro libros: *Encantado de conocerme*, *El Principito se pone la corbata*, *El sinsentido común* y *Qué harías si no tuvieras miedo*. Con su pseudónimo, Clay Newman, también ha publicado *El prozac de Séneca* y *Ni felices ni para siempre*. Parte de su obra literaria ha sido traducida y publicada en diecisiete países. Anualmente imparte conferencias en España y Latinoamérica para agitar y despertar la consciencia de la sociedad.

Para más información, visita las páginas web del autor:
www.borjavilaseca.com
www.kuestiona.com
www.laakademia.org
www.terraec.es

También puedes seguirlo en sus redes sociales:
🅵 Borja Vilaseca
🅧 @BorjaVilaseca
🅘 @borjavilaseca
▶ Borja Vilaseca
� Borja Vilaseca

CLAY NEWMAN
Pseudónimo de **BORJA VILASECA**

El prozac de Séneca

**Claves para afrontar
problemas existenciales con sabiduría**

**Edición revisada
y actualizada**

DEBOLS!LLO

Papel certificado por el Forest Stewardship Council®

Primera edición revisada y actualizada: mayo de 2021

© 2014, 2021, Borja Vilaseca
© 2014, 2021, Penguin Random House Grupo Editorial, S. A. U.
Travessera de Gràcia, 47-49. 08021 Barcelona
© Prozac es una marca registrada de Eli Lilly and Company.
Esta empresa no tiene ninguna relación con el libro, con su autor ni con el editor,
ni ha colaborado de ninguna forma en su edición.
Diseño de la cubierta: Penguin Random House Grupo Editorial
Imagen de la cubierta: © Shutterstock

Printed in Spain – Impreso en España

ISBN: 978-84-663-5743-2
Depósito legal: B-2.709-2021

Compuesto en Fotocomposición gama, sl

Impreso en Black Print CPI Ibérica
Sant Andreu de la Barca (Barcelona)

P 357432

Para mi hija Lucía y mi hijo Lucas.
Vuestra luz me ha ayudado a sanar mis traumas y
enseñado a amar incondicionalmente

Índice

I. Confesión del autor 13
La historia detrás de Clay Newman

II. Instrucciones de uso 21
Este libro es un medicamento

III. La farmacia 27
La Madre Naturaleza

IV. El doctor 33
Lucio Anneo Séneca

V. Los principios activos 39
Los valores del Estoicismo

Para ser feliz por uno mismo 45

  1. Honestidad 47

  2. Humildad 51

  3. Autoconocimiento 55

  4. Consciencia 59

  5. Energía 63

  6. Silencio 67

  7. Autoestima 71

Para estar en paz con los demás 77

  8. Responsabilidad 79

  9. Proactividad 83

  10. Compasión 88

  11. Perdón 92

12. *Desapego* 97

13. *Asertividad* 102

14. *Respeto* 107

Para amar la vida tal como es 113

15. *Evolución* 115

16. *Correspondencia* 120

17. *Ecuanimidad* 124

18. *Agradecimiento* 129

19. *Confianza* 133

20. *Obediencia* 137

21. *Aceptación* 141

VI. El excipiente 147
   La vida como aprendizaje

VII. La curación 151
   Agradecimientos

VIII. Bibliografía recomendada 155
   Libros sobre Séneca y el Estoicismo

IX. Súmate a la revolución 159
   Sé tú el cambio que este mundo necesita

La sabiduría es la única medicina que
cura las enfermedades del alma.

LUCIO ANNEO SÉNECA

I

CONFESIÓN DEL AUTOR
La historia detrás de Clay Newman

Si algo he aprendido a base de bofetadas es que necesitamos afrontar problemas existenciales y padecer conflictos emocionales para crecer en compresión y sabiduría. Sin embargo, en muchas ocasiones el sufrimiento que experimentamos es tan intenso que buscamos desesperadamente parches que alivien nuestro dolor a corto plazo. Prueba de ello es el consumo exponencial de medicamentos en general y de antidepresivos en particular.

De hecho, el nacimiento de este libro tiene que ver con el día que estuve a punto de tomarme un Orfidal. Se trata de un fármaco con efectos tranquilizantes y ansiolíticos que aplaca de inmediato síntomas como el nerviosismo, la ansiedad, la angustia o el estrés. Fue a mediados de 2013, pero lo recuerdo como si fuera ayer. Por aquel entonces mi hija tenía apenas siete meses, el mismo tiempo que mi mujer y yo llevábamos sin dormir.

Debido al cansancio físico y al agotamiento mental, hacía mucho tiempo que estaba descentrado. La falta total de energía vital me había sumergido en la inconsciencia. Y el lado oscuro se había apoderado de mí. Lo peor de todo es que poco después de convertirme en padre empecé a sentir —de forma intermitente— un punzante dolor en el plexo solar, una zona que los más hierbas denominan «el chakra del corazón». Me ardía literalmente el pecho. Era como si alguien me estuviera desgarrando por dentro con un cuchillo de fuego.

Pues bien, ese día en concreto estábamos en casa de unos familiares cercanos y mi hija llevaba media hora llorando y pataleando. Nada conseguía calmarla ni consolarla. Sin saber muy bien por qué, recibía el llanto de mi hija como si fuera gasolina, la cual avivaba —todavía más— el incendio que se había desatado en mi interior desde su nacimiento. Fue entonces cuando me derrumbé. No podía más. Estaba completamente quemado. Y fui yo el que empezó a llorar como un bebé.

Finalmente mi hija se durmió entre los brazos de mi mujer. Y justo en ese instante uno de mis familiares se acercó hasta mí y me susurró al oído: «Los primeros años de paternidad son especialmente duros». Y seguidamente me dio un vaso de agua acompañado por una pastilla. «Tómate un Orfidal y la angustia que sientes se te pasará enseguida», añadió con naturalidad.

Lo cierto es que sostuve aquel fármaco en mi mano durante más de una hora. Jamás había tomado un ansiolítico en toda mi vida. Para mí era una simple cuestión de orgullo. Y de principios. Después de recuperar la compostura, rechacé su ofrecimiento con amabilidad y le devolví el Orfidal. Soy consciente de lo exigente que puedo ser conmigo mismo, pero, dedicándome profesionalmente a lo que me dedico, me parecía un acto de traición al mensaje que con tanta pasión llevaba años compartiendo.

Eso no quiere decir que esté en contra de los medicamentos ni de los antidepresivos. Comprendo su función y respeto que formen parte de algunos procesos terapéuticos. Sin embargo, a raíz de aquel suceso me comprometí con pelar una nueva capa de la cebolla, transitando el doloroso camino que nos conduce hacia la transformación y, por ende, la verdadera curación. Mi hija no era más que un espejo que me estaba reflejando ciertos traumas no resueltos de mi propia infancia.

Aquella noche me quedé sentado en el sofá del salón, contemplando medio zombi una estantería llena de libros. La mayoría versaban sobre psicología y espiritualidad. Y mientras me acariciaba el plexo solar, intentando calmar aquel punzante dolor, mis ojos se posaron en un ensayo de filosofía: *Tratados morales*, de Séneca. Se trataba de un ejemplar al que le tenía mucho cariño. Principalmente porque me lo había leído a los diecinueve años, durante mi primera gran crisis existencial.

Fue entonces cuando me vino la idea de escribir este libro. Decidí utilizar mi dolor y mi sufrimiento como fuente de inspiración, iniciando un proceso creativo que me sirviera de catarsis para sanar mis heridas. De hecho, desde el principio tuve muy claro que quería escribirme a mí mismo una serie de reflexiones para afrontar la adversidad que estaba viviendo con más sabiduría. Y de paso, hacerle un homenaje a Séneca, uno de mis filósofos preferidos.

Días más tarde me senté en silencio delante del ordenador. Y me quedé un buen rato mirando fijamente la hoja en blanco de aquel documento de Word. Fui incapaz de escribir una sola palabra. De pronto noté cómo mi plexo solar volvía a arder. Y esta vez más fuerte que nunca. La paternidad parecía estar deshaciendo mis cimientos como persona. Los pilares que otrora pensaba que estaban hechos de cemento, ahora parecían haberse vuelto de arcilla. Tenía treinta y dos años, pero me faltaba solidez emocional. Necesitaba vivir una experiencia profundamente terapéutica para convertirme en una versión más adulta y madura de mí mismo.

Eso es precisamente lo que significa en inglés Clay Newman: «la arcilla de la que surge un hombre nuevo». Por cierto, la idea fue de mi maravillosa mujer. Y nada más escucharla, algo me hizo clic, provocando que se desbordara un torrente de imaginación y creatividad. A pesar de mi pésima condición física, psicológica y energética, me empezó a apasionar la idea de inventarme un pseudónimo por medio del que escribirme un libro a mí mismo para salir del atolladero emocional en el que llevaba meses instalado. Y, por supuesto, que contribuyera a que otras personas pudieran afrontar las adversidades de la vida con una actitud estoica.

Enseguida tuve claro que Clay Newman iba a ser un hombre mucho mayor que yo, nacido en Nueva York en 1956. A su vez decidí utilizar varios arquetipos para crear su personalidad y, por ende, un estilo y una voz literarios propios, alejados del tono con el que había escrito mis otros cuatro libros. Así, convine en que sería un eneatipo 8 ala 7 (según el Eneagrama) y un escorpio ascendente acuario (según la Astrología). Solo de pensarlo tuve un pequeño orgasmo intelectual.

De este modo, podría escribir sin filtros, dejando suelto al loco y al gamberro que llevo dentro. Utilizaría un lenguaje directo, crudo y cañero, llegando incluso a emplear tacos y expresiones malsonantes. Dado que necesitaba un revulsivo existencial, quería escribir reflexiones que me confrontaran, me cuestionaran, me provocaran, me sacudieran y me removieran. Y, evidentemente, que también me inspiraran. Tenía como objetivo escribir desde las entrañas. Y como resultado, que no dejara indiferente a nadie, incluyéndome a mí mismo. A partir de ahí, todo lo demás vino por añadidura.

En esencia, este pequeño libro es una oda a la resiliencia. A la capacidad que tenemos los seres humanos de afrontar dificultades, adversidades, penalidades, desdichas y demás tragedias con serenidad, aceptación y fortaleza. Cada uno de nosotros es capaz de remontar y superar situaciones complicadas, obteniendo el aprendizaje oculto que nos permite crecer y evolucionar. Gracias a la resiliencia, nos convertimos en personas mucho más felices, sabias, conscientes, completas y maduras que antes de lidiar con dichas desgracias. Este libro te explica cómo hacerlo.

La primera edición de *El prozac de Séneca* se publicó en 2014. En ella incluí un prólogo en el que novelaba de forma dramática y exagerada parte de mi historia personal, empleando la ficción para potenciar el personaje de Clay Newman. Finalmente he decidido salir de este armario literario y publicar esta confesión. Mientras escribo estas líneas mi hija tiene siete años y está jugando con su hermano menor de cinco, cuyo nacimiento dio lugar a escribir otro libro con este pseudónimo, pero eso ya es otra historia... Al mirar a mis hijos, no puedo evitar emocionarme por sentir que verdaderamente la paternidad me ha sanado y transformado. Me ha llevado mucho tiempo, mucho aprendizaje y muchas lágrimas, pero hoy puedo decir, sin necesidad de ningún pseudónimo, que soy un hombre nuevo.

A modo de conclusión, solo añadir que escribir este libro fue un bonito punto de inflexión en mi proceso terapéutico. Por supuesto, no pretendo decirte que dejes de tomar antidepresivos, si ese es tu caso. Insisto, son un parche útil, pero te alejan de la verdadera curación. Mi única intención es compartir contigo lo más valioso que he aprendido a lo largo de mi vida: que la sabiduría es el único *tratamiento* que promueve la salud de nuestra alma. Y creas o no en el destino, si has seguido leyendo hasta aquí, quiero que sepas que este libro está escrito para ti.

Borja Vilaseca
Barcelona, 1 de febrero de 2020

II

INSTRUCCIONES DE USO
Este libro es un medicamento

Antes de consumir este medicamento, por favor, lee detenidamente todo el prospecto. Y si a lo largo de la lectura te surge alguna duda, consulta contigo mismo. Ningún farmacéutico puede darte lo que verdaderamente necesitas. Si quieres, puedes acudir a alguien que haya pasado por un proceso parecido al tuyo y que en estos momentos sea un referente de felicidad en tu entorno. Pero ni siquiera esta persona podrá ayudarte, tan solo compartir su experiencia contigo.

PROPIEDADES

Este medicamento no tiene nada que ver con la medicina occidental contemporánea ni con la industria farmacéutica actual. En vez de aliviar tus síntomas, está especialmente diseñado para erradicar la raíz de la que surgen. Su finalidad es promover la salud de tu mente, de tu cuerpo y de tu alma. De esta manera tus emociones se curarán solas, cesando definitivamente tu dolor y tu sufrimiento.

INDICACIONES

Este medicamento está indicado para un tipo muy concreto de personas: aquellas que ya no necesitan sufrir más. Si no has llegado a una saturación de sufrimiento, puede que no te guste el tratamiento. O que no te lo tomes en serio. E incluso que te boicotees a ti mismo en el intento. Para que funcione, has de verificar que estás 100 % comprometido con curarte. Solo tómalo si ser feliz es tu principal prioridad. Si ese no es tu caso, es importante que no lo consumas. Ya llegará tu momento.

DOSIFICACIÓN

Este medicamento contiene una serie de principios activos (cualidades y fortalezas del alma humana), así como la manera de cultivarlos y potenciarlos. Mientras vayas consumiéndolos, descubre cuáles te conviene más desarrollar y ponte en marcha con el tratamiento. *Tomar* este medicamento significa ponerlo en práctica. Como si fueras a un gimnasio espiritual. La dosis recomendada consiste en tres meses de entrenamiento. Y recuerda que tú eres tu propio entrenador personal.

CONTRAINDICACIONES

Este medicamento está contraindicado para quienes tienen alergia a cuestionarse a sí mismos. Para quienes padecen una hinchazón de ego, creyendo que son infelices porque la vida es injusta. Para quienes experimentan una alteración de la razón, señalando a los demás como culpables de su sufrimiento. Para quienes vomitan victimismo cada vez que abren la boca. Y, en definitiva, para quienes tienen una infección en el corazón que les impide ver lo que no puede verse con los ojos.

PRECAUCIONES

Este medicamento es 100 % natural y solo tiene efectos beneficiosos. Respeta la homeostasis de tu organismo. Es decir, la capacidad que tiene tu cuerpo de curarse a sí mismo. Lo más importante es que dejes de ser un obstáculo entre tú y tu salud. En la medida que vayas entrenando, las cualidades y fortalezas irán activándose en ti. Llegado el momento, sé feliz, pero que no se te note. Que nadie lo sepa. Simplemente observa los cambios que se producen al relacionarte con tu entorno.

SOBREDOSIS

El objetivo de este medicamento no es que cambies o que seas mejor, sino que te aceptes tal como eres. Si no lo consumes adecuadamente puede provocarte sobredosis. En exceso, podría convertirte en un esotérico que utiliza la espiritualidad para huir y evadirse de sus problemas mundanos; o en un talibán que se siente superior porque cultiva su desarrollo espiritual. Ten cuidado con empacharte y provocarte una mala digestión. Tú sabrás cuándo poner fin al tratamiento.

CADUCIDAD

Este medicamento no tiene edad. Nunca es tarde para empezar a tomarlo. Tampoco caduca. Está avalado por la Filosofía Perenne. Puedes volver a consumirlo una y otra vez hasta que el conocimiento que contiene se convierta en tu propia sabiduría. Todos sus componentes y propiedades curativas proceden del Estoicismo, una filosofía de vida que promueve el autoconocimiento como camino para cultivar los aspectos esenciales de nuestra alma: la salud, el bienestar, la felicidad y la plenitud.

ADVERTENCIA FINAL

Tomar este medicamento implica emprender un viaje personal y autodidacta. Recuerda que te lo has recetado tú a ti mismo, por lo que no debes compartirlo con otras personas. A pesar de tus buenas intenciones, puedes perjudicarlas, aun cuando sus síntomas sean los mismos que los tuyos. No trates de despertar a quienes siguen dormidos. Se molestarán. Si de verdad quieres ayudarlos, cúrate a ti mismo. Y sé la curación que quieres ver en tu entorno.

III

LA FARMACIA
La Madre Naturaleza

Sé sincero contigo mismo. ¿Te cuesta cultivar un bienestar real, profundo y duradero? Si es así, bienvenido al club. Prueba de ello es que has comprado este medicamento. Pero no te fustigues. Nadie te ha enseñado cómo hacerlo. Del mismo modo, la medicina moderna padece una neurosis muy sutil pero extremadamente dañina. Ignora las leyes naturales que gobiernan y rigen la naturaleza humana. Y en vez de interesarse e investigar acerca de cómo promover la salud de manera preventiva, está obsesionada con combatir la enfermedad de forma temporal.

Esta es la razón por la cual la industria farmacéutica se ha convertido en uno de los sectores económicos legales que más dinero mueven en el mundo. Su inversión multimillonaria anual en publicidad y nuevos medicamentos pone de manifiesto el estado de malestar crónico que padece la humanidad. A pesar de que el consumo de Prozac no para de crecer, sigue aumentando el número de personas que padecen depresión en el planeta. Sobre todo en los países ricos y desarrollados materialmente. No te dejes engañar por la marca personal de ciudades como Nueva York, Londres, Sydney o Barcelona. Vayas donde vayas, abunda la pobreza espiritual.

Pero bueno. Seamos justos. Hay que reconocer que las farmacias se han vuelto extremadamente eficientes y sofisticadas. Te proporcionan en tiempo récord alivio cuando lo necesitas, ayudándote a disminuir el dolor. Sin embargo, las farmacias que hay cerca de tu casa no pueden hacer nada para sanar tu alma. Te ofrecen tiritas para ir tirando, que ya es mucho. Pero no saben cómo promover tu salud ni tienen con qué erradicar definitivamente tu sufrimiento. Además, si vendieran medicamentos que curaran las enfermedades del espíritu se quedarían sin clientes y, por ende, sin negocio. Al disociarse cada vez más de la naturaleza, han olvidado su sentido original.

Del griego *fármacos*, «farmacia» significa literalmente «medicina» y también «veneno», dependiendo de cómo se use. Según la etimología del verbo *farmacáos*, una de sus acepciones quiere decir «tener el espíritu trastornado», así como «tener necesidad de remedios para sanarlo». De ahí pasamos a *farmakéuo*, cuya traducción es «preparar y administrar un brebaje mágico con sustancias naturales —el medicamento— para que el paciente purgue su alma».

La verdadera «farmacia» de la vida es la *Pachamama*, que en quechua significa «Madre Naturaleza». Cada hierba y planta contiene una serie de propiedades curativas. La sustancia natural más poderosa se denomina «ayahuasca» y tiene el poder de sanar nuestra alma. Está compuesta por varias plantas de la Selva Amazónica, como la liana *Banisteriopsis caapi* y las hojas de arbustos del género *Psychotria*. Tiene un sabor asqueroso y repugnante. Solo olerlo te produce fuertes arcadas y es casi imposible no querer vomitar. Lo sé por experiencia.

Los médicos del alma de la zona, más conocidos como «chamanes», utilizan la ayahuasca en sus rituales de sanación. Actualmente, Perú es el único país en el que es legal su comercio, restringido a las etnias amazónicas. En estas es tradición que las personas enfermas acudan al chamán, del mismo modo que en Occidente acudimos al doctor. Esta planta medicinal se emplea como un recurso psicoterapéutico para que los pacientes adquieran una verdadera consciencia de la raíz de los problemas y conflictos que causan los trastornos de su alma. Para muchos, la experiencia de tomar este brebaje significa un punto de inflexión en sus procesos de curación. Muchos hablan de «experiencia mística», mediante la cual se expande la consciencia, creciendo en comprensión acerca de quiénes son y cuál es el propósito de sus vidas.

LOS DEFECTOS SON CUALIDADES EN POTENCIA

Te cuento todo esto simplemente para que sepas que el medicamento que sostienes en tus manos está inspirado en el *viaje* espiritual que uno emprende cuando toma ayahuasca. Estás a punto de adentrarte en tu inconsciente. Parte del tratamiento consiste en darte cuenta de lo que no sabes, o no quieres saber, acerca de ti mismo. Será como coger un foco de luz y dirigirlo hacia tu lado oscuro.

Pero no te asustes. Todo tiene su explicación. Puede que tiendas a rechazar y condenar aquello que no te gusta de ti mismo. Yo lo hice durante demasiados años. Me llevó muchos palos de la vida entender que más que juzgar, maquillar o esconder nuestros defectos, lo realmente jodido es aprender a observarlos y acogerlos. Pero hay premio. En el momento en que comprendes y aceptas una de tus carencias, se convierte en una de tus principales fortalezas.

Así, tus defectos son la brújula que marca la dirección de tu verdadero potencial. Del latín *defectus*, la palabra «defecto» significa «carencia de alguna virtud propia de alguien o de algo». Si aplicamos esta definición al ámbito de tu carácter (ser) y de tu personalidad (ego), vemos que un defecto es el déficit de una cualidad. En el gimnasio espiritual, los defectos son percibidos como músculos flácidos, todavía por ejercitar y desarrollar a través del entrenamiento diario. Por ejemplo, una persona que padece de «victimismo» —quejándose constantemente y culpando siempre a los demás— cosecha como resultado sufrimiento porque tiene déficit de «responsabilidad». Cultivar esta cualidad es su medicina.

Por todo ello, este medicamento es una invitación para que lleves una vida lo más natural posible. Y para que conviertas tus defectos en fortalezas, desarrollando todo tu potencial como ser humano. En el fondo lo intuyes: la verdadera curación deviene cuando aprendes a sentirte feliz, sin importar cómo sean tus circunstancias. Quién sabe, por el camino puede que llegue un día en que ya no necesites más tiritas ni parches. Lo sabrás cuando hayan sanado las heridas de tu alma.

IV

EL DOCTOR
Lucio Anneo Séneca

Hablemos ahora un poco del doctor en el que está inspirado este medicamento. Se llama Lucio Anneo Séneca, filósofo, escritor, político y orador romano. Fue contemporáneo de Jesús de Nazaret, aunque nunca tuvieron el placer de conocerse. Nació en Córdoba el 4 a. C. y murió en Roma, sesenta y nueve años después. Todo un logro de supervivencia, teniendo en cuenta que se pasó la vida jugando al escondite con la muerte.

Séneca estuvo siempre en contacto con el dolor, lo que le hacía tener un aspecto enfermizo. Sobre todo debido al asma que padecía desde su infancia. De hecho, llegó a escribir que lo único que le impedía suicidarse era el daño que su muerte podía causar a su padre. Y fue precisamente su maltrecha salud la que le conectó desde muy joven con la inquietud por estudiar filosofía, reflexionando acerca de los porqués de la existencia.

Al entrar en la edad adulta estuvo postrado mucho tiempo en la cama debido a una tuberculosis, la cual desgastó —todavía más— su débil cuerpo. Más adelante se casó y tuvo un hijo, que falleció a muy temprana edad. Aun así, Séneca logró sobreponerse, convirtiéndose en un reconocido escritor y en el orador más brillante de todo el Senado.

La fuerza que desprendían sus reflexiones e intervenciones se sustentaba en que estaban inspiradas en su propia experiencia. Lo cierto es que sus palabras no dejaban a nadie indiferente: generaba tanta admiración como envidia. Entre sus principales enemigos, se encontraban las personas más poderosas de la época: los emperadores romanos. Trabajó estrechamente con tres de ellos: Calígula, Claudio y Nerón. De este último, incluso fue tutor y consejero personal.

Pero muy bien no les debió de caer; los tres lo condenaron a muerte. Sin embargo, para un tío que no creía en la suerte ni en el azar, se libró de las dos primeras ejecuciones. Y a la tercera, optó finalmente por suicidarse. El muy animal se cortó las venas de los brazos y las piernas. Y mientras se desangraba, pidió que le suministraran cicuta, la misma planta venenosa que siglos atrás había terminado con la vida de Sócrates. Poco después de tomarla Séneca solicitó un último deseo, un baño de agua caliente. Así fue como puso fin a su historia: con las venas cortadas, envenenado y muerto de asfixia por el efecto del vapor. La causa de su muerte fue el asma con el que nació.

EL PRIMER MÉDICO DEL ALMA OCCIDENTAL

Con el tiempo, se descubrió que los motivos que habían propiciado sus tres penas capitales eran completamente infundados. Al pasarse toda la vida cuestionando y desafiando la forma de pensar mayoritaria, fue calumniado, perseguido, acosado y sentenciado. Y todo para que callara. Menudo piquito de oro debió de tener el tío. No quiero parecer demasiado sentimental, pero desde mi *humilde* punto de vista, Séneca fue asesinado porque la luz que emanaba su mensaje era demasiado dolorosa para quienes elegían vivir en la oscuridad...

Si hubieras ido a una de sus charlas, te hubiera motivado a que aprendieras a estar en paz contigo mismo. Principalmente porque solo así puedes promover un verdadero bienestar entre los demás. Sin afán de soltarte el rollo, déjame compartir contigo un fragmento del libro que me salvó la vida, *Tratados mora-*

les. En uno de mis pasajes favoritos, Séneca le escribe una carta a su discípulo Lucilio sobre cómo encajar los golpes que nos da la vida: «Vivir siempre en la comodidad y pasar sin una pena en el alma es ignorar la otra mitad de la naturaleza. Afirmas ser una gran persona, pero ¿cómo lo podré saber si la fortuna no te brinda la ocasión de mostrar tu virtud? Te juzgo desdichado por no haber sido nunca desdichado. Te has pasado la vida sin adversario: ni siquiera tú mismo sabrás nunca hasta dónde alcanzan tus fuerzas».

Si bien a corto plazo puede parecer una actitud masoquista, Séneca era consciente del enorme potencial que cada ser humano puede desarrollar dentro de sí mismo, estrechamente relacionado con su capacidad de crecer espiritualmente. Este filósofo fue, ante todo, un médico del alma. Uno de los primeros en Occidente. Su especialidad era curar una enfermedad espiritual, muy común de su época, denominada «sufrimiento». No en vano, era todo un experto en «resiliencia». Es decir, afrontar y sobreponerse a situaciones adversas y complicadas. Y dado que no pudo hacer uso de ningún antidepresivo artificial, se dedicó con pasión a encontrar un remedio natural. El prozac de Séneca siempre fue la sabiduría. Este es el medicamento que estás a punto de tomar. Espero que te funcione tan bien como me está sentando a mí. Escribir este libro está siendo mi terapia.

V

LOS PRINCIPIOS ACTIVOS

Los valores del Estoicismo

Este medicamento contiene veintiún principios activos. Se trata de una serie de propiedades que —adecuadamente administradas— pueden producir efectos farmacológicos sobre tu organismo, posibilitando que obtengas el resultado terapéutico esperado. En una determinada dosis, en un determinado tiempo y por medio de un determinado tratamiento, es muy posible que te cures. Es decir, que transformes tu sufrimiento en felicidad. La única garantía que tienes es el compromiso que has asumido contigo mismo.

Estas veintiuna cualidades y fortalezas espirituales están inspiradas en los valores promovidos por el Estoicismo, un movimiento filosófico cuyo máximo representante fue Séneca, junto al emperador Marco Aurelio y el esclavo Epicteto. Sus orígenes se remontan al año 301 a. C., en la antigua Grecia. Por aquel entonces, las personas aquejadas por una dolorosa enfermedad solían desplazarse hasta el corazón de Atenas para escuchar a Zenón de Citio, fundador de esta escuela de filosofía. Los historiadores coinciden en que fue uno de los primeros gurús especializados en desarrollo personal. Sus enseñanzas se centraban en dotar a las personas de recursos y herramientas para enfrentarse a sus conflictos y problemas.

Y lo cierto es que la gente acudía en masa para escucharle y hacerle preguntas. No en vano, sus reflexiones rebosaban optimismo, llenando de energía el espíritu de sus interlocutores. Zenón de Citio solía explicar que la vida es una escuela y que los seres humanos somos estudiantes que hemos venido a aprender. De ahí que sus charlas y discursos fueran esencialmente didácticos, compartiendo una serie de directrices muy prácticas para que sus seguidores mejoraran su competencia en el arte de vivir.

Según el Estoicismo, debes agradecer los infortunios que forman parte de tu destino, pues solo así puedes desarrollar la sabiduría (para elegir siempre el bien), la ética (para dar lo mejor de ti mismo) y la virtud (para saber cómo hacerlo). Para los estoicos la vida no está gobernada por la suerte, el azar, las coincidencias ni las casualidades. Por el contrario, está regida por la «ley de la causa y el efecto», por la que terminamos recogiendo lo que sembramos, eliminando toda posibilidad de caer en las garras del inútil y peligroso victimismo.

ATARAXIA E IMPERTURBABILIDAD

No sabes lo que me costó asumir que soy co-creador y corresponsable de lo que atraje a mi vida. Eso sí, la recompensa de asumir dicha responsabilidad personal —y de iniciar un cambio de actitud— es la «ataraxia» o «imperturbabilidad» frente a las circunstancias desfavorables. Esta sólida paz interior se consigue por medio del entrenamiento y la práctica diarios. Esto no significa que te aferres a tu fuerza de voluntad, sino más bien que tengas la humildad de cuestionar tu forma de pensar. Si lo haces, el bienestar que anhelas irá llegando de manera fluida y natural, a su debido tiempo.

En definitiva, los estoicos fueron los primeros que introdujeron en Occidente la idea de «aprender de la adversidad». Esencialmente porque las dificultades que te pone la vida son una magnífica ocasión para descubrir y fortalecer tus virtudes.

El lema del Estoicismo podría resumirse en que «cuanto mayor sea tu tormento (si aprendes de él), mayor será tu gloria». En la actualidad se habla de «actitud estoica» cuando te tomas los infortunios con entereza, fortaleza, aceptación y serenidad. Así es como los historiadores dicen que Séneca afrontó su inevitable destino.

Tanto Séneca como el Estoicismo han influido en el pensamiento y en la obra de muchos líderes, filósofos y escritores, como Michel de Montaigne (1533-1592), William Shakespeare (1564-1616), Jean-Jacques Rousseau (1712-1778), Henry David Thoreau (1817-1862), Leon Tolstoi (1828-1910), Friedrich Nietzsche (1844-1900), Mahatma Gandhi (1869-1948), Hermann Hesse (1877-1962), Aldous Huxley (1894-1963), Viktor Frankl (1905-1997), Nelson Mandela (1918-2013), Martin Luther King (1929-1968), Steven Covey (1932-2012) o Gerardo Schmedling (1946-2004), entre otros. Lo cierto es que frente a la decadencia espiritual que padecen actualmente las sociedades modernas occidentales, los valores del Estoicismo son hoy más necesarios que nunca.

En la medida que sigas leyendo, ves reconociendo los defectos de tu personalidad y comprométete con poner en práctica el correspondiente tratamiento durante tres meses. El objetivo es que por medio de este proceso de autoconocimiento y de entrenamiento espiritual cultives las cualidades y fortalezas propias de tu esencia, desarrollando así todo tu potencial. Espero que disfrutes del viaje.

Para ser feliz por uno mismo

La calidad de tu existencia depende de cómo te relacionas contigo mismo, con los demás y con la vida. Para ser feliz es necesario que sepas relacionarte sabiamente. Recuerda que la lucha, el conflicto y el sufrimiento son síntomas de tu ignorancia, mientras que la aceptación, la armonía y la felicidad son indicadores de tu sabiduría. Así, el primer paso para empezar a obtener resultados de satisfacción en las diferentes dimensiones de tu vida es comprender que existen tres tipos de asuntos: los tuyos, los de otras personas y los de la realidad.

Tus asuntos son todo aquello que tiene que ver contigo. Forman parte de tu círculo de influencia. Es decir, lo que depende de ti controlar y cambiar para ser feliz. Y por felicidad me refiero a 0 % sufrimiento. Por el contrario, los asuntos de otras personas y los de la vida forman parte de tu círculo de preocupación. Tu felicidad no tiene nada que ver con ellos. Y no depende de ti controlarlos ni cambiarlos. Si lo intentas, te perturbarás. Buena parte de tus miedos, tensiones y frustraciones provienen de inmiscuirte en los asuntos de los demás y de preocuparte por los asuntos de la realidad. Así es como te olvidas de ocuparte de tus propios asuntos.

La próxima vez que sufras, simplemente verifica de quién es el asunto. Y tan solo ocúpate de él si compruebas que verdaderamente es tuyo. Aprender a ocuparte de tus propios asuntos te lleva —irremediablemente— a alcanzar la maestría en el arte de relacionarte contigo mismo. A esto se refiere precisamente una de las máximas esenciales del Estoicismo: «Concededme la serenidad para aceptar aquello que no puedo cambiar (los asuntos de los demás y de la vida), el valor para cambiar lo que sí puedo (mis propios asuntos) y la sabiduría para establecer la diferencia».

A continuación se detallan los siete principios activos que Séneca enseñaba para cultivar la «inteligencia intrapersonal». Es decir, la que te permite mejorar la relación que mantienes contigo. En la medida que vayas entrenando estas cualidades y fortalezas espirituales, descubrirás que solo tú puedes hacerte feliz. O dicho de otra manera: que el único obstáculo que te separa de la felicidad eres tú mismo.

1. Honestidad
Para los que se engañan a sí mismos y miran hacia otro lado

Consideraciones médicas

Reconoce que estás «enfermo»; es parte de la curación

Que nadie te confunda. Aunque pueda parecerte lo mismo, una cosa es el bien-tener y otra, muy distinta, el bien-estar. Solo una de las dos sana tu alma. La otra es precisamente el parche que te ofrece el sistema. Cada día te hacen creer que tu felicidad está fuera de ti. Que es algo externo que has de conseguir, a poder ser con dinero. O peor aún: convirtiéndote en alguien que no eres para tener éxito o que los demás te quieran. Echa un rápido vistazo al estilo de vida contemporáneo. La mayoría de las personas trabajan en algo que odian para consumir cosas que no necesitan y poder así impresionar a vecinos que detestan. Y mientras —para alejarse de su dolor—, tratan de divertirse y evadirse todo lo que pueden, mientras pueden... Pero vayamos al grano. ¿Eres verdaderamente feliz? ¿A menudo sientes una paz profunda? ¿Sueles dar lo mejor de ti mismo al interactuar con tu prójimo? Son tres preguntas muy simples. Incluso un niño de siete años podría responderlas; te diría la verdad. Pero algo pasa cuando te vuelves adulto. La cosa se complica, ¿no es cierto? Me sabe mal ser yo quien te lo diga: la sociedad está enferma. Y no pretendo ofenderte, pero si no lo ves es que tú también formas parte de esa enfermedad. Te guste o no, reconocer que estás enfermo es el primer paso para poderte curar.

Composición

Atrévete a decirte la verdad, aunque duela

La mentira más común es la que te cuentas a ti mismo. Pero no te fustigues, lo haces sin darte cuenta. Es simple supervivencia emocional. Necesitas engañarte para poderte levantar por las mañanas. Y aunque delante de la gente finjas —poniendo tu mejor cara—, hace tiempo que ya no te crees tu propia máscara. Intentas desesperadamente conseguir algo que ningún centro comercial jamás podrá proporcionarte. Y llevas tantos años buscando en el lugar equivocado, que al final te has conformado con sucedáneos de felicidad, como el placer, la comodidad o el entretenimiento. Seguramente estés perdido. ¿Y quién no lo está? Demasiada gente te ha estado confundiendo durante demasiados años, presionándote y convenciéndote para que hagas cosas que no te convienen hacer en orden a tener cosas que no necesitas tener. Observa los resultados que estás cosechando en las diferentes dimensiones de tu existencia. ¿Qué ves? Si tu vida carece de sentido, reconócelo. No te engañes más. Si te sientes vacío, asúmelo. Deja de mirar hacia otro lado. El «autoengaño» es un déficit de «honestidad». Esta cualidad te permite reconocer que tu vida está hecha un lío porque tú estás hecho un lío con la vida. A menos que admitas que tienes un problema te será imposible solucionarlo. Lo único que conseguirás será crear nuevos problemas, cada vez más sofisticados.

Tratamiento

Asume tu «mierda» personal

Cómo decirlo elegantemente... Del mismo modo que tienes descomposición cuando tu estómago se llena de comida basura, padeces de *caquitas* emocionales cuando tu mente se satura de ignorancia. ¿A qué caquitas me refiero? Pues a tus defectos. Cada uno desprende su propio aroma. Miedos, inseguridades, complejos, carencias, frustraciones, miserias, traumas... No importa cuánto te perfumes; estás lleno de mierda, igual que todos los demás. Y, créeme, aunque no lo quieras percibir, en ocasiones emanas un hedor groseramente desagradable. Durante tres meses no te laves con jabón, deja de echarte desodorante y para de ponerte colonia. Si quieres curarte has de comenzar por olfatear tu interior, huela como huela. En cuanto sientas el mal olor, inhálalo profundamente. Retenlo unos segundos. Y exhálalo con lentitud... Así como a nadie le huelen mal sus pedos, aprende a que no te huelan mal tus caquitas emocionales. Identifícalas. Haz una lista. Cuélgala en la nevera de tu cocina. Y comprende qué dicen acerca de ti; acerca de lo que necesitas aprender para convertir tus defectos en cualidades. Ser honesto contigo mismo es todo lo que tienes. Anda, sé sincero y dite la verdad. Aunque solo sea por curiosidad.

Efectos terapéuticos

Te da fortaleza para cuestionarte

La honestidad puede resultarte muy dolorosa al principio. Pero a medio plazo te libera de la cárcel mental en la que tú mismo te has encerrado. Te permite afrontar la verdad acerca de quién eres y de cómo te relacionas con tu mundo interior. Así es como inicias el camino que te conduce hacia tu salud y bienestar espiritual. Cultivar la honestidad provoca una serie de efectos terapéuticos. Entre otros beneficios, destacan las siguientes cualidades, fortalezas y virtudes. Utilízalas a modo de indicadores, para verificar si verdaderamente te has curado, erradicando de raíz la enfermedad del autoengaño.

- Disminución del miedo a conocerte y a afrontar cara a cara tu lado oscuro.
- Incapacidad para seguir llevando una máscara para agradar a los demás y ser aceptado por tu entorno social y laboral.
- Menor habilidad para meter debajo de la alfombra tus problemas y conflictos emocionales.
- Fortaleza para cuestionarte, identificando la falsedad y las mentiras que pueden estar formando parte de tu vida.
- Pérdida de interés en justificarte cada vez que alguien señala alguno de tus defectos.
- Aumento de motivación para desarrollar tu potencial como ser humano.
- Frecuentes episodios de alivio por no tener que fingir ser quien no eres y tampoco necesitar ser aprobado por la sociedad.

¿Quién de nosotros tiene el valor de decirse
la verdad a sí mismo?

SÉNECA

---

2. HUMILDAD
PARA LOS QUE CREEN QUE LO SABEN TODO Y SON
INCAPACES DE RECONOCER SUS ERRORES

Consideraciones médicas

<u>Eres una persona prefabricada</u>

Si piensas como el ciudadano medio, seguramente crees que tu forma de ver la vida es *la forma de ver la vida*. Y que quienes ven las cosas diferentes que tú es porque están equivocados. Si te comportas como un ciudadano normal, tienes tendencia a rodearte de personas que piensan exactamente como tú. Y considerar que estas son las únicas «cuerdas y sensatas». Pero ¿acaso sabes de dónde viene tu visión de la vida? ¿Te crees que es tuya? ¿Que la has elegido? ¡No, hombre, no! ¡Qué más quisieras! Desde el día en que naciste, tu mente ha sido condicionada para pensar y comportarte de acuerdo con las opiniones, valores y aspiraciones de tu entorno social y familiar. ¿Acaso has escogido el idioma con el que hablas? ¿Y qué me dices de tu equipo de fútbol? Eres un ciudadano prefabricado que encaja en el molde que necesita la sociedad para perpetuar el sistema económico. En función del país y del barrio en el que hayas sido educado, ahora mismo te identificas con una cultura, una religión, una política, un empleo y una moda determinadas, igual que el resto de tus vecinos. ¿Cómo verías la vida si hubieras nacido en una aldea de un pueblo de Madagascar? Diferente, ¿no? Y entonces ¿por qué te aferras a una identidad prestada, de segunda mano, tan aleatoria como el lugar en el que naciste?

Composición

Seguramente estás equivocado y ni siquiera lo sabes

Ahora mismo estás convencido de muchas cosas. Y a pesar del sufrimiento y del conflicto que vas cosechando, no sueles considerar que estás equivocado. ¿Quién lo está? Pero date cuenta de que no es lo mismo creer que sabes algo que saberlo de verdad. Dado que no tienes ni idea de quién eres, utilizas una serie de mecanismos de defensa para proteger tu falso concepto de identidad. Entre estos destaca la «arrogancia» de creer que no tienes nada que aprender. Así es como evitas remover los pilares sobre los que has construido tu sistema de creencias. También empleas el «orgullo», que te incapacita para reconocer y enmendar tus propios errores. Y lo mismo haces con la «soberbia», que te lleva a sentirte superior cada vez que te comparas con alguien, poniendo de manifiesto tu complejo de inferioridad. De ahí precisamente surge la «prepotencia», con la que tratas de demostrar que siempre tienes la razón. Por último y no por ello menos dañino, aparece tu «vanidad», haciendo ostentación de tus virtudes y logros. Todos estos defectos muestran una carencia de «humildad». Etimológicamente, esta cualidad viene de *humus*, que significa «tierra fértil». Es lo que te permite adoptar una actitud abierta, flexible y receptiva para poder aprender aquello que todavía no sabes.

Tratamiento

Reconoce de una vez que no sabes nada

¿Qué sabes acerca de ti mismo? ¿Qué sabes acerca de los demás? ¿Y acerca del Universo? Ahora que nadie te ve puedes dejar por unos momentos el orgullo y la soberbia con los que te proteges ahí fuera. Imagina que no hubiera gente a la que contentar o impresionar. Nadie de quien defenderte o justificarte. Imagina que solo estáis tú y la existencia. ¿Lo sientes? Frente a la vida estás desnudo. Queda en evidencia que no sabes nada. ¡Ni tú ni yo ni nadie sabemos una mierda! Echa un vistazo a la sociedad. ¿Ves a seres humanos felices al volante de los coches en medio de un atasco de tráfico? ¿Ves a personas que se sienten en paz saliendo por la tele? ¿Ves mucho amor en los campos de fútbol? La ignorancia es el germen de la infelicidad. Y esta, la raíz desde la que florecen el resto de tus conflictos y perturbaciones. No sé tú, pero yo no he conocido a alguien que quiera sufrir; solo conozco personas que quieren ser felices, pero no saben cómo serlo. ¿Acaso no eres uno de ellos? Durante tres meses parte de la premisa de que no sabes nada. Y que cada día es una oportunidad para reconocer tus equivocaciones y aprender de ellas. Concibe tus perturbaciones como un indicador infalible de que tu forma de interpretar lo que te ha pasado es errónea, falsa o limitada. E incluso las tres al mismo tiempo.

Efectos terapéuticos

Te permite aprender, crecer y evolucionar

La humildad está relacionada con el reconocimiento y la aceptación de tus defectos, debilidades y limitaciones. Es lo único que te predispone a cuestionar aquello que hasta ahora habías dado por cierto. En el caso de que además seas vanidoso o prepotente, te inspira a simplemente cerrar la boca. Y solo hablar de tus logros en caso de que te pregunten. Llegado el momento, te invita a ser breve y no regodearte. Es cierto que tus cualidades forman parte de ti, pero no son *tuyas*. Cultivar la humildad genera los siguientes efectos terapéuticos, erradicando de raíz la arrogancia, la soberbia, el orgullo y la vanidad.

- Disminución del miedo a cuestionar aquello en lo que has venido creyendo, cuestionando así el núcleo desde el que has construido tu identidad.
- Fortaleza para aprender de cada equivocación que cometas, comprendiendo que los errores son necesarios para que sigas creciendo y evolucionando.
- Pérdida de interés en discutir, imponer tu opinión o tener la razón.
- Mayor predisposición para escuchar nuevos puntos de vista, incluso cuando se oponen a tus creencias.
- Ataques temporales de lucidez, en los que reconoces que eres un ignorante y vislumbras claramente el camino hacia la sabiduría.
- Frecuentes episodios en los que no solo silencias elegantemente tus virtudes, sino que permites que los demás descubran las suyas.
- Más curiosidad para explorar formas alternativas de entender la vida, que ni siquiera sabías que existían.

Reconocer nuestros errores es doloroso.
Pero vivir equivocados es la causa de nuestro sufrimiento.

SÉNECA

---

3. Autoconocimiento
Para los que ignoran quiénes son, cómo funcionan y qué necesitan

Consideraciones médicas

<u>¿Quién cojones eres?</u>

No eres tu nombre ni el lugar donde naciste. No eres lo que haces ni lo que tienes. No eres tu trabajo, tu ropa, tu coche, tu casa o tus posesiones. Tampoco eres lo que los demás piensan de ti. Estás tan acostumbrado a ser quien se supone que has de ser, que no tienes ni la más remota idea de cuál es tu verdadera identidad. Y para disimularlo, te pasas el día detrás de una máscara, relacionándote con otras caretas que esconden seres humanos que tampoco se conocen a sí mismos. Por eso la sociedad es un gran teatro. Y no lo digo metafóricamente. Cada uno de nosotros se ha convertido en un actor que interpreta un guion de vida escrito por otros y orientado a cumplir las expectativas de los demás. Tu malestar es proporcional a tu confusión. Y esta se refleja por el disfuncionamiento de tu mente. Va completamente a su bola. Aunque te cueste comprenderlo, no eres lo que piensas acerca de ti mismo. De hecho, no te pareces en nada a la persona que crees que eres. Sin embargo, te identificas con todo tipo de pensamientos, algunos de los cuales están locos de atar. ¿Cómo vas a ser tu mente si tienes la capacidad de observarla? ¿Cómo puedes ser tus pensamientos si puedes modificarlos? No eres la charla que oyes en tu cabeza. Eres el *ser* que escucha esa charla.

Composición

Ignoras tu propia ignorancia

No es signo de inteligencia ni de salud adaptarse a una sociedad tan enferma como la actual. Y entonces ¿por qué te esfuerzas tanto en ser aceptado? Pues porque has sido programado para ello. El colegio al que fuiste no te educó. Te condicionó. Te dijo exactamente cómo tenías que pensar y comportarte para adaptarte al orden social establecido. Movidos por sus buenísimas intenciones, tus padres te enseñaron a portarte bien y ser normal. ¿Por qué diablos crees que transitas por la ancha avenida por la que circula el resto de la gente? ¿Acaso no te levantas cada mañana sin saber para qué demonios estás aquí? Vas por la vida ignorando que ignoras tu propia «ignorancia». Y esta es la raíz del resto de tus problemas. No sabes cómo funcionas ni qué necesitas para dejar de sufrir. Pero tienes tanto miedo al cambio, que te resistes a conocerte a ti mismo. Puede que incluso en algún momento de tu vida hayas ridiculizado a quienes leen libros de autoayuda o demonizado a quienes asisten a cursos de desarrollo personal. El «desconocimiento» es un déficit de «autoconocimiento», que es el proceso que transforma tu ignorancia en sabiduría. Saber quién verdaderamente eres es la experiencia más revolucionaria que existe. Así es como descubres que todo lo que necesitas para ser feliz está dentro de ti, convirtiéndote en tu propio refugio.

Tratamiento

Dentro de ti no hay ningún monstruo

Tienes miedo de conocerte porque intuyes que no te va a gustar lo que vas a encontrar en tu interior. Te aseguro que no hay ningún monstruo. Nadie va a comerte. Tampoco hay ningún abismo al que caer. Eso sí, el primer paso en el camino del autoconocimiento es el más difícil y doloroso. Consiste en confrontarte a ti mismo. Ahí es cuando aparece el vértigo. Contactas con tu ego, tu personalidad prefabricada, tu máscara y tu personaje, tu disfraz de segunda mano, tu falso concepto de identidad. Y si resistes al primer batacazo, viene un segundo, todavía más doloroso. Al ir profundizando, empiezas a sentir el malestar que has venido reprimiendo y tapando a lo largo de la vida. Y al mirar de frente aquello que rechazas y condenas de ti, te invaden emociones como la tristeza, el miedo o la ira. En el caso de estar verdaderamente comprometido, al final te permites conectar con tu vacío existencial. Por más incómodo que te parezca al principio, se trata de una cortina de humo. En realidad es la puerta que te conduce hasta tu auténtica esencia. Ahí reside el bienestar que has estado buscando neuróticamente fuera. Durante tres meses invierte tiempo en observarte, escucharte y conocerte. Puedes animarte a hacer un curso de Eneagrama. Es el mejor manual de instrucciones de la condición humana que he conocido.

Efectos terapéuticos

Te adentra en el viaje más apasionante de la vida

No me quiero poner muy *hierbas*, pero tienes que saber que cuando te conoces a ti mismo y reconectas con tu esencia, te sientes verdaderamente feliz y en paz. De pronto sientes que todo está bien y que no te falta de nada. ¿Cuándo fue la última vez que te sentiste así? El autoconocimiento produce un clic en tu conciencia. Nada vuelve a ser nunca como antes. Desarrollar esta cualidad genera los siguientes efectos terapéuticos, erradicando de raíz la ignorancia y el desconocimiento que te mantienen anclados al sufrimiento.

- Aumento de motivación para leer libros, acudir a conferencias y asistir a cursos que te muestren el camino para convertirte en la mejor versión de ti mismo.
- Mayor habilidad para diferenciar entre tu ego y tu esencia, identificando la raíz de tus problemas, conflictos y perturbaciones.
- Más comprensión acerca de las motivaciones ocultas que hay detrás de tus conductas y actitudes, cambiando completamente la forma en la que te tratas a ti mismo.
- Capacidad para comprender el funcionamiento de tu mente, aprendiendo a manejar tus pensamientos de forma inteligente.
- Facilidad para regular tus emociones sin dramatizar ni autocompadecerte, reconciliándote contigo mismo.
- Fortaleza para sanar tu autoestima, cultivando tus cualidades, virtudes y capacidades innatas.
- Ataques temporales de confianza, en los que pierdes completamente el miedo a seguir buceando por las profundidades de tu alma.

Es mucho más importante conocernos a nosotros mismos
que darnos a conocer a los demás.

SÉNECA

---

4. Consciencia
Para los que viven dormidos y no se dan cuenta de
que no se dan cuenta

Consideraciones médicas

No te duchas mientras te estás duchando

Lamento decírtelo, pero te pareces más a un sonámbulo que a
una persona despierta. Puede que de día no ronques, pero vives
completamente dormido. Y si no me crees, vas a comprobarlo
ahora mismo. Piensa en tu forma de ducharte cada mañana.
¿Cuántas veces te duchas mientras te estás duchando? Es decir, ¿cuántas veces estás debajo del agua caliente a presión —un
lujo que solo disfrutamos menos de la mitad de la población
mundial— realmente duchándote, sintiendo el agua, valorando
y disfrutando este *momentazo* cotidiano? No muchas, ¿me
equivoco? Mientras el agua caliente resbala por tu cuerpo sueles pensar en lo desgraciado que es tu jefe, que te obliga a trabajar hasta tarde. O en lo coñazo que es tu suegra, que no para de
llamarte al móvil para pedirte que vayas a comer los domingos a
su casa. ¡Tu jefe y tu suegra duchándose contigo! La cruda verdad es que nunca estás en la ducha mientras te estás duchando.

Estás siempre en tu mente y en tus pensamientos, divagando entre el pasado y el futuro. Vives entre el allá y el entonces (ambos ilusorios), marginando constantemente el momento presente, que es el único que existe en realidad. Despierta de una vez: vives inconscientemente, funcionas con el piloto automático puesto y actúas por inercia. Viviendo así, ¿cómo quieres que te vaya la vida?

Composición

Deja de emborracharte de chupitos de cianuro

Tu sufrimiento es directamente proporcional a tu ignorancia e inconsciencia. La causa de tu malestar no tiene nada que ver con tus circunstancias, sino con la interpretación que haces de los hechos en sí. Pero dado que no sabes cómo ser dueño de tu mente, no puedes controlar ni elegir lo que piensas. Y puesto que ni tu peor enemigo puede hacerte tanto daño como tus propios pensamientos, te pasas el día perturbándote a ti mismo cada vez que consideras que la realidad no te beneficia o directamente te perjudica. Además, con cada perturbación te tomas un chupito de cianuro, que te daña física y emocionalmente. Piensa en las garrafas de veneno que llevas ingeridas hasta ahora. Puede que de tantas borracheras acumuladas te levantes por las mañanas con una fuerte resaca... Sin embargo, debido a tu «inconsciencia» no cuestionas nunca el sistema de creencias absurdo y limitante desde el que realizas interpretaciones equivocadas de la realidad. Por eso tropiezas una y otra vez con la misma piedra, ¡teniendo los santos cojones de echarle siempre la culpa a la piedra! Este defecto muestra una carencia de consciencia. Es decir, la capacidad de vivir despierto, cultivando el estado de atención plena que te permite observarte a ti mismo y salirte poco a poco de la telaraña mental en el que llevas años atrapado.

Tratamiento

Salte del «matrix» de una maldita vez

Al ser adoctrinado para buscar el bienestar, la riqueza y la plenitud fuera de ti mismo, te has pasado toda tu vida enchufado al «matrix» y, en consecuencia, desconectado de ti. Y al vivir enajenado de tu mundo interior, seguramente padeces una neurosis muy sutil, que consiste en creer que las interpretaciones subjetivas y distorsionadas que haces de la realidad son *la realidad en sí misma*. Durante tres meses no te creas nada de lo que te digas a ti mismo. Y en el caso de que te perturbes, vuelve el foco de atención hacia dentro y simplemente pregúntate: ¿este pensamiento me da o me quita poder? Prueba un curso de *Mindfulness* y aprende a conquistar tu diálogo interno. La forma en la que te trata la vida suele ser un fiel reflejo de cómo te tratas a ti mismo. La consciencia es una cualidad que se ejercita estando presente, viviendo el aquí y ahora. Para lograrlo, dúchate mientras te estás duchando. Desayuna mientras desayunas. Conduce el coche mientras conduces el coche. Y cuando te des cuenta de que no te estás dando cuenta, hazte una llamada desde el interior. Respira más profundamente y recuérdate que si estás atento y vigilante puedes observar y modificar tus pensamientos, realizando interpretaciones de la realidad más sabias y constructivas.

Efectos terapéuticos

Te permite elegir tu actitud en cada momento

La consciencia es la gran alquimista de tu vida: te permite desidentificarte de tus acciones, de tus pensamientos, de tus emociones, de tus procesos psicológicos y de tus estados de ánimo.

En definitiva, te reconecta con tu verdadera esencia, desde la que adoptas la actitud del testigo, pudiendo observar y tomar distancia de todo aquello que forma parte de ti, pero que en última instancia no eres tú. Cultivar la consciencia genera los siguientes efectos terapéuticos, erradicando de raíz la inconsciencia que te impide cuestionar el falso concepto de identidad con el que llevas años identificado.

- Más capacidad para detectar y modificar patrones de pensamiento negativos y limitantes.
- Pérdida de interés en lamentarte por lo que ya ha sucedido o angustiarte por lo que todavía no ha pasado.
- Mayor habilidad para percibir tu propia respiración, empleándola para conectar y arraigarte en el momento presente.
- Incapacidad para regodearte por mucho rato en un pensamiento perturbador o con una emoción destructiva.
- Frecuentes episodios de conexión profunda contigo mismo, en los que gozas de mayor libertad para elegir tu actitud frente a tus circunstancias.
- Momentos temporales de desidentificación de tu ego, en los que te dedicas a observar con distancia tus procesos cognitivos y emocionales.
- Fortaleza para conquistar tu diálogo interno, sembrando tu mente con pensamientos útiles, constructivos y positivos.

Forma parte de la curación el deseo de ser curado.

SÉNECA

---

5. Energía
Para los que no cuidan su salud, los perezosos y los adictos al sofá

Consideraciones médicas

Estás tan cansado que funcionas disfuncionalmente

Formas parte de una sociedad superneurótica. Te pasas el día pensando y haciendo cosas. Fíjate en tu estado de ánimo cuando llegas a casa. Estás hecho polvo de tanto trabajar. Por eso no estás para tonterías. ¡Y ni mucho menos para dramas familiares! Tu mente está tan embotada que lo único que te apetece es sentarte delante de la tele. Pero tratar de relajarte de esta manera es como hacer una tortilla sin huevos, sin patatas y sin sartén. ¡Es imposible! Al ver la televisión lo único que consigues es callar temporalmente tus neurosis mientras escuchas las de la sociedad. De hecho, enchufar tu mente a una pantalla por la que van circulando imágenes y sonidos te desconecta todavía más de ti mismo. Y termina por vaciar tu depósito de energía vital. La calidad y cantidad de pensamientos que has tenido durante el día determina los que tienes cada noche, en tus sueños. Por eso te despiertas tan cansado por las mañanas. Y puesto que no

sabes cómo recargar tu propia energía, funcionas disfuncional-
mente. No es ninguna casualidad que seas egocéntrico. Ni que
reacciones mecánicamente. Ni tampoco que luches y entres en
conflicto contra lo que te sucede... Todavía no gozas de la energía vital necesaria para vivir de otra forma.

Composición

Levanta el culo del sofá

Sin energía vives de forma inconsciente, con el piloto automático puesto las veinticuatro horas del día. Además, tiendes a estar
más triste, más enfadado o más ansioso. Sin darte cuenta, entras
en una espiral en la que tu forma de pensar y de actuar no respeta nunca el proceso natural por medio del que tu cuerpo rege-
nera su energía vital. Este círculo vicioso de desgaste continua-
do te acaba quemando. E incluso desquiciando. Es entonces
cuando puedes entrar en depresión, un estado psicológico que
aparece irremediablemente cuando se agotan por completo todas tus reservas de energía vital. Del mismo modo que tu móvil
deja de funcionar cuando se le termina la batería, cuando ago-
tas tus pilas te quedas sin la fuerza ni la comprensión necesarias
para modificar tu actitud frente a la vida. El cansancio físico te
apalanca en la «pereza», no encontrando ninguna motivación
para hacer el esfuerzo de levantar tu culo del sofá. Y el agotamiento mental te condena a la «acedía». Me refiero a cuando
decae tu estado de ánimo por no hacer con tu existencia lo que
intuyes o sabes que podrías realizar. Tanto la pereza como la
acedía muestran un déficit de «energía vital». Es decir, la batería que te permite funcionar con consciencia y sabiduría, rin-
diendo al máximo de tu potencial.

Tratamiento

Deja de ser un vampiro energético

Al mantenerte en una zona de comodidad marcada por el desgaste y desperdicio sistemático de energía, el paso del tiempo te ha convertido en un autómata. Y no solo eso: ¡también en un vampiro! Te sientes tan vacío que te dedicas a absorber inconscientemente la energía de los demás. Por eso en ocasiones tu simple presencia incomoda la de quienes te rodean. ¡Les estás succionando! Durante tres meses descubre cómo crear tu propia energía vital. La fuente es abundante y está en tu interior. Saber qué te carga las pilas y qué te las desgasta es otra forma de conocerte a ti mismo. El reto es que sepas autogestionarte, respetando el equilibrio entre tus horas de actividad y tus momentos de descanso y relajación. Recuérdate cada mañana —después de ducharte con más consciencia— que eres el creador de tu energía vital. Diseña una rutina personal, familiar y profesional que te permita reponer tus baterías. ¡Mueve el culo! Practica deporte y ejercicio físico de forma regular. Es fundamental que sudes o jadees al menos treinta minutos cada día. No importa cómo, simplemente suda y jadea. Procura comer comida. Es decir, alimentos que verdaderamente contengan nutrientes naturales con los que llenarte de energía. Y, por favor, quiérete a ti mismo y deja de quedar con personas que se quejan y victimizan todo el día. Bastante tienes contigo como para lidiar con otros vampiros energéticos.

Efectos terapéuticos

Te motiva y capacita para romper viejos hábitos

Romper con un hábito es algo muy jodido. Para poder cambiarlo primero has de comprenderlo. Pongamos que fumas. ¿Por qué lo haces? ¿Qué beneficio te aporta? ¿De qué manera te perjudica? ¿Cómo sería tu vida sin este hábito adquirido de forma inconsciente? En el momento en que te das cuenta de que un hábito te quita más de lo que te da, estás en el camino de trascenderlo. Eso sí, para lograrlo no basta con saber la teoría. Necesitas disponer de grandes cantidades de energía para pasar a la práctica. Cultivar la energía vital genera los siguientes efectos terapéuticos, erradicando de raíz la pereza y la acedía.

- Incapacidad para seguir diciéndote que no tienes tiempo para gestionar tu energía de forma más inteligente y sostenible.
- Más fuerza de voluntad para retomar algún deporte y practicar ejercicio físico al menos tres veces por semana.
- Pérdida de interés en desgastar tu energía por medio de discusiones tan infantiles como estériles, que ya no te aportan nada positivo.
- Más convicción para modificar y reordenar tus prioridades con respecto a cómo cuidas de tu salud física y cultivas tu bienestar espiritual.
- Aumento de motivación para cuestionar lo que comes, introduciendo en tu dieta alimentos naturales y ecológicos que no hayan sido prefabricados.
- Mayor habilidad para dedicar más momentos en tu día a día a cargar las pilas y reponer tus baterías.
- Ataques temporales de sensibilidad, en los que percibes qué te da energía, encontrando la fuerza necesaria para romper con viejos hábitos que te la quitan.

Cuando comemos mal, la medicina no funciona;
cuando comemos bien, la medicina no es necesaria.

SÉNECA

---

6. Silencio
Para los adictos al ruido, los que no escuchan y los que temen el dolor

Consideraciones médicas

Temes tanto el silencio que te has vuelto adicto al ruido

Si te consideras una persona normal, que hace cosas normales, seguramente seas hiperactivo en el peor y más lamentable sentido de la palabra. Tu agenda diaria rebosa de actividades y planes, muchos de los cuales llevas a cabo para escapar de ti mismo. Para empezar, trabajas unas ocho horas al día. También consumes otras muchas yéndote de compras. Y en cuanto a tus momentos de ocio, los dedicas en gran parte a sentarte pasivamente delante de una pantalla, ya sea viendo la tele, chateando por las redes sociales o navegando a la deriva por internet. El resto del tiempo lo pasas rodeado de gente que, como tú, habla sin parar. ¿Te has fijado qué ocurre cuando conversas con otra persona? Te es imposible no vomitar todos los pensamientos que deambulan como zombis por tu mente. No escuchas. Y nadie te escucha. Llamas «conversación» a la sucesión compulsiva de dos monólogos llenos de palabras vacías que no dicen nada. Los etíopes se refieren a esta disfunción comunicativa como *mnámnan*, que literalmente quiere decir «bla, bla, bla...». Utilizas el ruido para evitar conectar con el insoportable vacío que sientes en tu interior. Tu acelerada forma de malvivir pone de manifiesto que te aterra quedarte a solas contigo mismo, en silencio y sin hacer algo. Pero no importa cuánto huyas. Tu dolor te acompañará siempre, vayas donde vayas.

Composición

Es imposible que llenes tu vacío

Persigues la felicidad de tal modo que esta se encuentra cada vez más lejos de ti. Y tu falta de paz interior te ha transformado en una persona tremendamente adicta al placer, la diversión y el entretenimiento. Pero por más obsesivo y compulsivo que seas, jamás llenarás tu vacío con nada que venga del exterior. ¿Cuánto dura la satisfacción de comprar cosas o lograr triunfos? Demasiado poco, ¿no es cierto? Paradójicamente, cuanto más bienestar inmediato buscas, más malestar encuentras a medio y largo plazo. E igual que un hámster corre en su rueda, te pasas el día llegando tarde a todas partes —asediado por las prisas—, yendo hacia ningún lugar. La «hiperactividad» te impide relajarte y disfrutar de la tranquilidad y la quietud. La «gula» te condena a querer cada vez más de aquello que en realidad no necesitas. Y el «ruido mental» te imposibilita escucharte a ti mismo —a tu voz interior—, desconociendo el camino que te conduce nuevamente hacia el equilibrio. Estos tres defectos ponen de manifiesto una carencia de «silencio». Se trata de una cualidad que se desarrolla cuando estás a solas, sin distracciones ni estímulos, cultivando la capacidad de ser y estar contigo mismo. Solo entonces comprendes que la verdadera felicidad no tiene ninguna causa externa. Más bien aparece de forma natural cuando reconectas con tu esencia.

Tratamiento

Atrévete a sentir tu aburrimiento

Estás tan enajenado que crees que el aburrimiento es algo normal que experimentas cuando te encuentras cara a cara contigo mismo, sin ninguna actividad con la que mantenerte ocupado o distraído. Pero deja de mentirte. Cuando estás aburrido en realidad lo que te pasa es que estás empezando a conectar con la incomodidad, el dolor y el vacío que hay dentro de ti. Escapas y huyes porque te aterra volver a sentir emociones largo tiempo reprimidas. Obviamente lo haces porque no estás a gusto ni en paz contigo mismo. ¿Cuándo fue la última vez que te paraste y te sentaste a solas para saber cómo te sentías en aquel momento? Durante tres meses, aprovecha cada vez que te quedes de «Rodríguez» para alquilar pelis dramáticas y llorar en el salón de tu casa a moco tendido. ¡Saca toda la mierda acumulada! Así es como limpias y purificas las costras que te separan de tu alma. En paralelo, elije un parque cerca de tu casa y comprométete a sentarte cada día en el mismo banco. Dedícate a hacer nada al menos veinte minutos. Si puedes, una hora. Convive con tu aburrimiento. Y si la experiencia de estar contigo se vuelve insoportable, simplemente respira y observa lo que sucede en tu interior. Acoge tus emociones, por más dolorosas que sean. Y atrévete a sentir el vacío. No lo temas, acéptalo. Es una puerta. Al otro lado te estás esperando a ti mismo.

Efectos terapéuticos

Te permite cultivar la serenidad y la sobriedad

Te dices que no tienes tiempo para estar en silencio. O que hacer nada es una acción improductiva, carente de sentido. Lo que en realidad estás diciendo es que no priorizas tu salud física, emocional y espiritual. La práctica del silencio y de la inactividad te llevan a desarrollar la serenidad y la sobriedad, dos cualidades que te permiten sentirte bien contigo mismo sin necesidad de estímulos externos. La meditación es la madre de todas las medicinas. Es la cura definitiva. Cultivar el silencio genera los siguientes efectos terapéuticos, erradicando de raíz el ruido mental, la hiperactividad y la gula que te impiden escuchar y seguir a tu propia voz interior.

- Pérdida de interés en pasarte el día haciendo cosas, estando cada vez más presente y viviendo con más profundidad.
- Motivación para practicar yoga, taichí, contemplación o meditación, aprendiendo a hacer nada, respirar y relajarte.
- Frecuentes episodios en los que sientes la necesidad de volver al parque y sentarte en el banco para estar a solas contigo mismo.
- Aumento de la sensibilidad, lo que te permite percibir matices de la realidad que antes se te escapaban o dabas por sentado.
- Disminución del miedo a conectar con tus heridas y traumas reprimidos, para aprender a liberarte definitivamente del dolor y del sufrimiento.
- Mayor habilidad para domesticar y silenciar tu mente, escuchando cada vez con mayor claridad la voz que te inspira a cultivar tu salud y bienestar.
- Ataques temporales de conexión profunda, experimentando una sensación de unidad y de plenitud que está más allá de las palabras.

Para saber lo que verdaderamente necesitamos
hemos de preguntárselo al silencio.

SÉNECA

---

7. Autoestima
Para los que no se quieren, se maltratan y se exigen ser mejores de como son

Consideraciones médicas

La verdadera batalla se libra en tu interior

Por fin llegamos al meollo del asunto: no te quieres nada de nada. Pero ¿a quién vas a querer si no sabes quién eres? Desde muy pequeño te han hecho creer —entre otras muchas chorradas— que tienes que convertirte en alguien importante para gozar de un cargo profesional de prestigio y ganar toda la pasta que puedas. Y como resultado de sentarte pasivamente en clase durante ocho horas al día cinco días cada semana, con el tiempo permitiste que castraran tu autoestima y mutilaran la confianza en ti mismo. Hoy en día muy pocas personas conservan la autenticidad innata con la que nacieron. Hay que tener mucha inteligencia y fuerza interior para no dejarse aplastar por dieciséis años de sistema educativo. Yo también me dejé aplastar. Así que no vale la pena que te fustigues por ello. Ni tampoco que pierdas el tiempo buscando culpables. Si quieres permitirte unos minutos de victimismo, puedes quejarte por ser víctima del momento histórico en el que te ha tocado vivir. Has nacido en una sociedad que inconscientemente te ha programado para pasarte la vida negándote a ti mismo, tratando de encajar en un molde personal, familiar y profesional determinado por otros. Me da igual que por fuera te vayan bien las cosas. A no ser que estés siendo quien eres y no otro, el conflicto contigo mismo seguirá latente en tu interior. Tu adversario es la persona que se supone que tienes que ser.

Composición

¡Déjate en paz de una maldita vez!

Te has convertido en un farsante que sigue la farsa por comodidad e inercia. Y también por miedo a defraudar a tu audiencia. Pero de tanto llevar una máscara puesta, te has olvidado de quién eres. De forma inconsciente has construido una personalidad falsa para convencer a la gente de que eres digno de su amor y aprobación. Eres un actor y la sociedad, tu escenario. Sin embargo, cuanto más te identificas con el disfraz, más te alejas de tu auténtica esencia: y en consecuencia, más difícil te es conocer al ser humano que verdaderamente eres. Al haberte identificado con un personaje prefabricado, en lo profundo sientes que tu vida se ha construido sobre un engaño. ¿Cómo te tratas a ti mismo? ¿Te juzgas? ¿Te infravaloras? ¿Te preocupas? Si sueles sentir rabia, tristeza o ansiedad es que todavía estás en guerra. La «distorsión» de tu verdadera esencia, la «autoexigencia» y el «maltrato mental» son un déficit de «autoestima». Se trata de una cualidad que se desarrolla en la medida en la que empiezas a amarte a ti mismo, aprendiendo a dejarte en paz. Así es como dejas, a su vez, de forzarte para que llegues a ser alguien que nunca serás. Amarte significa comprender por qué y para qué eres como eres. Paradójicamente, al aceptar y amar tu lado oscuro este se transforma, aflorando la luz que hay dentro de ti.

Tratamiento

No tienes que cambiar ni ser mejor persona

Conocerte a ti mismo no tiene nada que ver con que tengas que cambiar o ser una persona mejor. La finalidad de este proceso pedagógico es que te aceptes y te ames exactamente como eres, con tus defectos y cualidades, integrando en tu ser la luz y la sombra que cohabitan dentro de ti. Aceptarte no quiere decir resignarte, conformarte, ser indiferente ni anclarte en el «soy como soy». Significa comprometerte por averiguar cuál es la raíz de tu sufrimiento. Y entonces ¿cómo se hace para convertirte en la mejor versión de ti mismo? Comprendiendo los motivos y las motivaciones que te han llevado a ser como eres en este preciso momento. En el instante en que algo dentro de ti hace clic, experimentas un «orgasmo emocional» a partir del que cambia radicalmente la visión que tienes acerca de ti mismo. Durante tres meses, cada vez que te perturbes pregúntate: «¿Qué es lo que no estoy aceptando?». La respuesta te mostrará que el origen de la perturbación está en tu mente, en la interpretación subjetiva y distorsionada que estás haciendo de la realidad. Recuérdate a diario que aquello que no eres capaz de aceptar es la única causa de tu sufrimiento. Igual al principio te perturbas cada vez que te das cuenta de que te estás perturbando. El juego consiste en aceptar el hecho de que todavía no sabes aceptarte, y que ese es precisamente el aprendizaje más importante que has de lograr en la vida.

Efectos terapéuticos

Te libera del sufrimiento intrapersonal

Todos los procesos terapéuticos orientados a la curación pasan por varias etapas. Primero confrontas tus *caquitas* emocionales. Luego te las comes. Y, finalmente, las digieres y utilizas como abono para que florezca la semilla que hay en tu interior. Para beneficiarte de la autoestima, tienes que haber desarrollado la honestidad, la humildad, el autoconocimiento, la consciencia, la energía y el silencio. Cultivar esta cualidad provoca una serie de efectos terapéuticos, erradicando de raíz la distorsión de tu verdadera esencia, la autoexigencia y el maltrato mental. Al cultivar tu inteligencia intrapersonal, cesa el sufrimiento que te generas al relacionarte contigo mismo.

- Mayor habilidad para tener una percepción de ti mismo mucho más neutra y objetiva, aceptándote tal y como eres.
- Más fortaleza para ganar en autonomía personal, atreviéndote a pensar por ti mismo y convertirte en tu propio referente.
- Pérdida de interés en flagelarte por los aspectos oscuros que siguen formando parte de tu personalidad.
- Ataques temporales de felicidad, mediante los que comprendes que eres perfecto tal y como eres porque estás en tu proceso hacia la perfección.
- Menor sensación de vergüenza cada vez que te miras a los ojos en el espejo para decirte que te quieres y te valoras de forma incondicional.
- Disminución del uso de verbos como «tengo que», «debo de», «he de», abandonando por completo la autoexigencia y dejando de perseguir un ideal de cómo deberías ser.

- Frecuentes episodios de ataraxia e imperturbabilidad, en los que sientes cómo se diluye tu ego y, por ende, tu necesidad de ser alguien.

Cuando hay aceptación no hay perturbación.
Cuando hay perturbación no hay aceptación.

SÉNECA

Para estar en paz con los demás

Una vez sabes ocuparte de tus propios asuntos, es fundamental aprender a relacionarte sabiamente con los asuntos de los demás. Es decir, con todo aquello que no tiene que ver contigo. Al menos no directamente. Me refiero a los procesos, las situaciones y las circunstancias que están viviendo en estos momentos las personas que forman parte de tu entorno familiar, social y laboral. Aquí también se incluyen las actitudes, comportamientos y decisiones que adopta y toma la gente con la que te relacionas.

Me importa un bledo que no estés de acuerdo o que no te guste cómo actúan los demás. Es su vida y si te molesta, es tu problema, no el suyo. Creer que sabes lo que es mejor para otra persona es estar fuera de tus asuntos. Del mismo modo que no has venido a este mundo a cumplir las expectativas de nadie, la ignorancia y la inconsciencia te llevan a querer que los demás cumplan con tus expectativas sobre cómo deberían de ser.

Al estar nuevamente tiranizado por todo tipo de ilusiones mentales, cuando piensas en ciertas personas a menudo te sientes frustrado, tenso y decepcionado. Principalmente porque no se han comportado de la manera como tú esperabas que tenían que comportarse. En esas ocasiones, puedes recordarte que los asuntos de los demás forman parte de tu círculo de preocupación. Por más que lo intentes, no puedes controlar ni cambiar a ningún ser humano. Y mientras lo sigas intentando, seguirás obteniendo sufrimiento como resultado.

Aprender a respetar los asuntos de los demás te lleva —irremediablemente— a alcanzar la maestría en el arte de relacionarte con el resto de personas. Nuevamente, se trata de cultivar un cambio de actitud, empezando a interactuar con ellos sin indignarte ni tampoco mostrándote indiferente. El desafío es mucho más profundo: consiste en que aprendas a aceptar de forma incondicional a los demás tal como son, con sus luces y sus sombras. Ya verás como en la medida en que dediques más tiempo para comprenderlos, lentamente vas a ir dejando de interferir y de juzgar sus procesos de aprendizaje y evolución. Y, al hacerlo, obtendrás paz como resultado. Es decir, 0 % reactividad al relacionarte con los demás, trascendiendo tu instinto de supervivencia emocional.

A continuación se detallan los siete principios activos que Séneca enseñaba para cultivar la «inteligencia interpersonal»: la que te permite mejorar la relación que mantienes con otras personas. Si te comprometes con ir entrenando estas cualidades y fortalezas espirituales, descubrirás que tu red de relaciones no es más que un juego de espejos y proyecciones. Aunque en un primer momento te cueste de interiorizar, en realidad son el *decorado* en el que constantemente ves reflejados diferentes aspectos de tu ser. No ves a la gente como es, sino como eres *tú*. De hecho, fíja*te* que los demás suelen trata*rte* como *tú te* tratas a *ti* mismo. Es fundamental que comprendas este punto. Por eso *te* he puesto las letras en cursiva.

8. Responsabilidad

Para los que van de víctimas y temen tomar las
riendas de su vida

Consideraciones médicas

¿De qué te quejas?

Formas parte de una sociedad tan infantil, que el tipo de educación contemporáneo sigue siendo muy paternalista. Está basa-
do en la suposición de que los adultos son los que saben. Por
eso se atreven a hacerte solo un determinado tipo de preguntas
y tener los santos cojones de decirte cuáles son las respuestas.
El objetivo de los colegios no es que te conozcas a ti mismo para
desarrollar tu potencial y llegar a ser quien verdaderamente
eres. Su finalidad es que te conviertas en un sucedáneo de ti
mismo para poder adaptarte y prosperar en la actual sociedad,
enferma de infelicidad. No es de extrañar que seas un maleducado. Si de verdad hubieras sido educado no estarías leyendo
este libro. No lo necesitarías. ¡Lo habrías aprendido en la escuela! Desde que naciste has sido condicionado y programado
a imagen de tu entorno familiar. Con muy buenas intenciones,
por supuesto. Y también fabricado y moldeado a semejanza del

orden social establecido. De esta manera te has convertido en un engranaje más de esta gran cadena de montaje que es el sistema económico contemporáneo. Este ha sido tu punto de partida. Y sigues vivo. Entonces ¿de qué te quejas? Tus padres también pasaron por el mismo proceso de adoctrinamiento en su día, seguramente mucho más rígido y severo que el tuyo. Piénsalo la próxima vez que decidas victimizarte y culparles de algo.

Composición

Eres víctima de tu victimismo

Viaja un momento hasta tu infancia. Igual cuando todavía eras un niño inocente hubo un día en que chocaste contra una mesa y te caíste al suelo. Y debido al dolor provocado por el golpe, te pusiste a llorar como un descosido. Tu llanto llamó la *atención* de tu madre, que corrió para *atenderte*, sintiéndose muy mal por verte sufrir. Y para dejar de sentirse así, decidió darte una droga que te aliviara: la culpa. Si bien la mesa es un objeto inerte, carente de voluntad y libre albedrío, de pronto comenzó a gritar: «¡Mesa mala! ¡Mesa mala!». Curiosamente, sus acusaciones hicieron que te quedaras más tranquilo. Y enseguida comenzaste a imitarla, culpando a la mesa del golpe y de tu dolor... Sin darte cuenta, permitiste que te convirtiera en una víctima. Pero no la culpes. Ni tampoco te culpes a ti. Ni tu madre ni tú sabíais hacerlo mejor. El «paternalismo», el «victimismo» y la «culpa» están totalmente relacionados y ponen de manifiesto una carencia de «responsabilidad». No confundas esta cualidad con ningún tipo de imposición u obligación moral. Más bien surge como consecuencia de crecer en comprensión, consciencia y sabiduría. La responsabilidad es la habilidad de responder de forma voluntaria frente a las cosas que te pasan en la vida. Tan simple y a la vez tan complicado, ¿no es cierto?

Tratamiento

Cómete tu trozo del pastel

Nadie te ha apuntado nunca con una pistola a la cabeza para que tomes las decisiones que has venido tomando. Esa es la única libertad que siempre has tenido y es, paradójicamente, la que menos has empleado. De tanto practicar el victimismo tienes la responsabilidad muy poco entrenada. Principalmente porque solo de pensar en ella te mueres de miedo. Sabes perfectamente que ser responsable implica hacerte cargo de ti mismo, asumiendo que eres co-creador y corresponsable de tus circunstancias físicas, emocionales y económicas. Durante tres meses, observa tu tendencia a victimizarte de los efectos que obtienes en tu vida. Seguramente se haya convertido en un hábito. Si bien puedes permitirte una pataleta de vez en cuando, aprende a tomar responsabilidad por las causas que generan el tipo de situaciones que te perturban: tus propias decisiones. Que hay un atasco de tráfico y llegas tarde al trabajo: no haber cogido el coche o haber salido más temprano. Que tu hijo adolescente está en la edad del pavo y hace lo que le da la gana: habértelo pensado antes de comprometerte con el tremendo viaje espiritual que implica ser padre. Que te han despedido y no sabes cómo pagar la hipoteca: no haber delegado tu bienestar económico en manos de una empresa y de un banco a los que les importas una mierda... Aunque al bebé que sigues siendo le joda, es hora de hacerse mayor.

Efectos terapéuticos

Te permite tomar las riendas de tu vida

La responsabilidad no mola nada al principio. Es muy doloroso reconocer y asumir la cantidad de errores que has cometido a lo largo de la vida. Pero solo si tomas responsabilidad puedes aprender de ellos y evolucionar como ser humano. Al madurar emocionalmente, te sientes capaz de tomar las riendas de tu vida. Y solo entonces abandonas para siempre cualquier actitud victimista. Es en ese momento cuando te haces mayor. Cultivar la responsabilidad provoca los siguientes efectos terapéuticos, erradicando de raíz el paternalismo, el victimismo y la culpa.

- Disminución del miedo a hacerte cargo de tus conflictos emocionales y a resolver por ti mismo tus problemas financieros.
- Mayor habilidad para responder de forma constructiva y eficiente ante los diferentes estímulos que recibes cada día.
- Incapacidad para victimizarte cada vez que sientes dolor al *chocar* contra la vida o contra otras personas, asumiendo tu parte de responsabilidad por dichos *choques*.
- Aumento de motivación para tomar tus propias decisiones vitales y ser consecuente con ellas.
- Pérdida de interés en quejarte, protestar o indignarte por la manera en la que actualmente se organiza la sociedad.
- Fortaleza para convertirte tú en el cambio que quieres ver en el mundo, modificando aquellas cosas que sí puedas cambiar.
- Ataques temporales de una sensación de poder inconmensurable, sintiéndote capaz de diseñar tu propio estilo de vida.

Muy pocos acertamos antes de errar.
Sin errores no es posible el aprendizaje.

SÉNECA

---

9. PROACTIVIDAD
PARA LOS QUE NO SON DUEÑOS DE SÍ MISMOS Y SON ESCLAVOS DE SUS REACCIONES EMOCIONALES

Consideraciones médicas

Eres una marioneta en manos de tus circunstancias

No solo vives dormido, sino que además pareces una marioneta. A veces, mientras no te duchas mientras te estás duchando, de pronto el agua empieza a salir fría. Y dado que estás ensimismado en tus pensamientos, reaccionas mecánicamente, tomándote un nuevo chupito de cianuro mañanero. Seguidamente te quejas e incluso te indignas. ¡Algunas veces hasta maldices a la compañía del agua! Me pregunto cuántas veces valoras y agradeces el hecho de que cada día puedas disfrutar de una ducha caliente a presión... En otras ocasiones, de camino hacia el trabajo, no conduces mientras estás conduciendo. Como de costumbre estás pensando en otras cosas. Y súbitamente el vehículo de delante frena de golpe. Nuevamente reaccionas de forma automática, tomándote otro chupito de cianuro. Movido por tu perturbación, tocas el claxon con fuerza y gritas con vehemencia al conductor. Minutos después de lo sucedido sigues maldiciendo en tu fuero interno a tu *agresor*. Y nada más llegar a la oficina, pulsas el botón de inicio, pero tu ordenador no se enciende. Entonces vuelve a dispararse tu reactividad, ingiriendo un tercer chupito de cianuro. A partir de ahí, te dices que estás teniendo un mal día, justificando tu humor de perros. ¿Cómo no vas a ser una víctima si el mundo te trata tan *injustamente*? Y sí, estoy siendo irónico.

Composición

Eres esclavo de tus reacciones emocionales

Eres esclavo de tus circunstancias porque eres esclavo de tus reacciones emocionales. En concreto, estás atrapado por tu instinto de supervivencia, el cual funciona de forma impulsiva; se activa automáticamente cada vez que te sientes amenazado por el entorno. Pero dado que ya no vives en la selva ni tu vida corre peligro, este mecanismo de defensa te quita mucho más de lo que te da. Y ahora mismo se ha apoderado de ti por medio de la susceptibilidad, que te lleva a tomarte todo lo que te pasa como algo personal. Parece como si cada comentario o cada situación cotidiana tuviera que ver contigo. En ocasiones incluso te parece que el Universo se ha conjurado para ir en tu contra... Al temer que la realidad te haga daño otra vez, también vives a la defensiva, protegido por una coraza que te lleva a ser hiperreactivo. La «susceptibilidad», el «vivir a la defensiva» y la «reactividad» son tres síntomas que ponen de manifiesto un déficit de «proactividad». Esta cualidad te permite elegir de forma consciente, responsable y libre la actitud con la que afrontar tus circunstancias, dejando de quedar a merced de estas. Es cierto que te has pasado muchos años creyendo que estarás en paz cuando las cosas te vayan bien. Pero al ir entrenando la proactividad te das cuenta de que las cosas empiezan a irte verdaderamente bien justo en el instante en que aprendes a sentirte en paz.

Tratamiento

Establece un diálogo constructivo con tu carcelero

Quieres cambiar tus circunstancias porque no sabes relacionarte con ellas sin perturbarte a ti mismo. Y cuanto más te perturbas, más las quieres cambiar. Este círculo vicioso te somete a una especie de «encarcelamiento psicológico»; estás en manos de tu carcelero, más conocido como «ego». Guiado por esta vocecita, vives permanentemente en tu círculo de preocupación, intentando controlar y cambiar precisamente aquello que jamás controlarás ni cambiarás. Por eso te pasas la vida sufriendo. Cuanto más reaccionas frente a tus circunstancias, más daño te haces a ti mismo en forma de chupitos de cianuro. Y cuanto más dolor acumulas en tu interior, más necesidad sientes de protegerte por medio de tu instinto de supervivencia emocional. Durante tres meses, si no lo has hecho ya, comprométete con comprender la raíz de tu egocentrismo y reactividad. De este modo estarás en el camino de convertirte en una persona proactiva. Y es que entre el estímulo y tu reacción, existe un espacio —muy pequeñito, pero existe— en el que puedes elegir tu respuesta. Para poder escogerla, has de vivir de forma consciente y estar atento a tu círculo de influencia. Cuando seas capaz de ir por la vida observando tu propia mente, podrás elegir la forma de interpretar lo que te pasa y, por ende, la experiencia que sientes en tu interior. Aquí reside tu auténtica libertad.

Efectos terapéuticos

Te permite ser dueño de ti mismo

Al trascender tu reactividad, se dice que te conviertes en el capitán de tu barco y en el amo de tu destino. La proactividad te permite ser dueño de tu mente, gozando de un sólido dominio de ti mismo. También te ayuda a desidentificarte de tus pensamientos. Así es como dejas de posicionarte como una víctima desvalida frente a tus circunstancias y empiezas adoptar una postura más protagonista. Cultivar la proactividad provoca una serie de efectos terapéuticos, erradicando de raíz la reactividad, la susceptibilidad y el vivir a la defensiva.

- Frecuentes episodios de lucidez, en los que comprendes que tu malestar no tiene nada que ver con lo que te pasa, sino con la interpretación que haces de lo que te pasa.
- Disminución del miedo a observar tus pensamientos, armándote de paciencia para aprender a domesticar tu mente.
- Mayor habilidad para no reaccionar frente a actitudes, conductas y decisiones que no te favorecen o directamente te perjudican.
- Ataques temporales de autodominio, en los que sabes elegir la mejor respuesta a la hora de afrontar personas complicadas y situaciones adversas.
- Pérdida de interés en querer cambiar lo que no puedes modificar (la realidad) y más motivación para modificar lo que sí puedes cambiar: tu actitud frente a la realidad.
- Más capacidad para ver la vida como una partida de ajedrez, sabiendo las consecuencias que pueden tener tus acciones sobre las reacciones de los demás.

- Más fuerza de voluntad para pasar a la acción, comprometiéndote con ver tus problemas como oportunidades de aprendizaje para ejercitar el músculo de la proactividad.

No podemos controlar el mar,
pero sí podemos gobernar nuestro barco.

SÉNECA

---

10. Compasión
Para los que juzgan a otras personas porque no dedican tiempo a comprenderlas

Consideraciones médicas

No ves a nadie más que a ti mismo

Estás infectado por un virus tan imperceptible como letal: el egocentrismo. Vives como si fueras el centro del Universo; todo tiene que girar alrededor de ti. Desde muy bebé te has venido acostumbrando a que el mundo —y todos los que habitan en él— hagan lo que tú necesitas en cada momento. Movido por tu instinto de supervivencia emocional, has orientado tu vida a saciar únicamente tu propio interés. Yo, mí, me, mío, conmigo... ¿Te suenan? Fíjate en tu tendencia a querer que las cosas salgan a tu manera y a esperar que los demás se adapten constantemente a tus deseos y expectativas. Pero dado que a la realidad le importa una mierda lo que tú quieres, tarde o temprano comienzas a sentirte muy frustrado al ver como casi nada sale como tú habías planeado. Puede que incluso en alguna ocasión, preso de tu egocentrismo, hayas gritado en voz alta mirando hacia el cielo: «¿Por qué a mí?». Es entonces cuando —cegado por tu dolor— comienzas a juzgar a las personas, criticándolas y menospreciándolas por ser tan egoístas; por pensar más en ellas que en ti... ¡Deja de proyectar tus *caquitas* emocionales sobre los demás! Ellos no son el problema. Obviamente tienen sus temitas por resolver, pero la raíz de tus conflictos relacionales eres *tú*. Te has empachado tanto de ti mismo que no ves a nadie más.

Composición

Eres tu propio juez y verdugo

Estar enfadado consume muchísima energía vital; es demasiado cansino. ¿No te pasa que a veces te hartas de ti mismo? ¡Qué pesada es esa voz que no se calla nunca, todo el día dando el coñazo! Es tu ego, el carcelero, que te envenena con sus palabras, tan llenas de miedo, odio y frustración. Paradójicamente, cada vez que señalas con tu dedo acusador a otra persona, lo que en realidad estás haciendo es juzgarte, rechazarte y condenarte a ti. Lo que le haces a los demás te lo estás haciendo a ti mismo. Cuando juzgas a tu prójimo no dejas espacio para comprenderlo. El «juicio», el «rechazo» y la «condena» son un déficit de «compasión». Esta cualidad no tiene nada que ver con sentir lástima o pena. Ni tampoco quiere decir compadecerse de los demás, sufriendo por el sufrimiento que experimentan los demás. La verdadera compasión consiste en comprender los motivos y las motivaciones que llevan a las personas a actuar del modo en que lo hacen. Todo el mundo está librando una batalla interna de la que no tienes ni idea. Vete tú a saber la cantidad de dolor y sufrimiento que carga consigo mismo cada individuo con el que te cruzas por el camino. Más allá de juzgar a las personas con las que luchas o entras en conflicto, esta fortaleza espiritual te permite empezar a aceptarlas, interactuando con ellas con empatía, respeto y mucha paciencia.

Tratamiento

Identifica a tus maestros espirituales

¿Hay alguien que te caiga mal o que no soportes? ¿Alguien que solo de verlo ya te ponga de mala leche? Si es así, te doy la bienvenida en nombre del colectivo de la raza humana. Acabas de identificar a uno de tus «maestros espirituales». Me refiero a aquellas personas cuya presencia y comportamiento provocan que te perturbes a ti mismo. Al ser incapaz de aceptarlos tal como son, te es casi imposible no juzgarlos y entrar en conflicto con ellos. Durante tres meses, dedica tiempo y espacio a detectar qué es exactamente lo que te molesta de tus maestros. Haz una lista de perturbaciones. Comienza cada frase escribiendo «Me perturba...» o «No acepto...». Una vez sepas qué aspectos de esa persona en concreto despiertan tu reactividad —sacando lo peor de ti—, interésate genuinamente en saber por qué tu maestro es como es. Investiga su historia. Conoce su entorno social y familiar. Trata de comprender el sufrimiento desde donde nacen su actitud egocéntrica y su comportamiento tóxico. Paradójicamente, cuanta más luz pongas en el drama del otro, más iluminarás el tuyo. Los maestros espirituales son espejos en los que puedes ver reflejados aquellos conflictos internos de los que ni siquiera eres consciente. De hecho, el camino que te conduce a comprender a los demás te acaba llevando a tu verdadero destino: comprenderte a ti mismo.

Efectos terapéuticos

Te permite comprender por qué la gente es como es

La compasión te hace ver a las personas a través de rayos X emocionales, discerniendo el grado de bienestar o malestar desde el que actúan. Ya no te interesa si su conducta es buena o mala. Gracias a Dios, la compasión te libera de la moral. No se trata de que seas buena persona, sino de que aprendas a ser feliz. Principalmente porque tu felicidad es el germen desde el que florece la auténtica compasión. Te inspira a dar lo mejor de ti mismo frente a cada persona y cada situación, siendo un ejemplo de aceptación, serenidad y amabilidad en tu entorno. Cultivar la compasión provoca una serie de efectos terapéuticos, erradicando de raíz el juicio, el rechazo y la condena.

- Disminución de la reactividad, el conflicto y la perturbación al interactuar con tus maestros espirituales.
- Incapacidad para seguir juzgando a otras personas, dedicando más tiempo y energía a tratar de comprenderte a ti en relación a ellas.
- Menos motivación para autocompadecerte o sentir lástima de ti mismo, desarrollando la paciencia necesaria para aceptar y respetar tu propio proceso.
- Frecuentes episodios en los que te dedicas a interesarte y a escuchar empáticamente a otras personas, cambiando los consejos por preguntas.
- Fortaleza para amar a los demás cuando aparentemente menos lo merezcan, sabiendo que en realidad es cuando más lo necesitan.
- Pérdida de interés en compartir con otras personas tu proceso de desarrollo personal; tan solo hablas de él cuando te preguntan con genuino interés.
- Mayor convicción para orientar tu existencia al bien común, siendo tú el cambio que quieres ver en tus relaciones.

¿Acaso nosotros somos perfectos?
¿Por qué entonces exigimos perfección a los demás?

SÉNECA

---

11. Perdón
Para los que albergan rencor, culpan a los demás o se culpan a sí mismos

Consideraciones médicas

Llevas sobrepeso de resentimiento

A lo largo de tu vida te has pegado tantas borracheras de cianuro que puede que ahora estés padeciendo una severa resaca. Piensa en todas las pataletas que tuviste durante la infancia. En todas las peleas que mantuviste en la adolescencia. Y ya no digamos en todos los conflictos que vienes arrastrando desde que entraste en la edad adulta. Te mientes diciéndote que el tiempo lo cura todo. Pero lo cierto es que con cada perturbación dejaste una secuela emocional en tu interior. No importa cuántos años lleves mirando hacia otro lado. Tu verdadera esencia está sepultada bajo una costra de dolor. Y debido a tu incapacidad para asumir tu parte de responsabilidad cada vez que chocas contra otra persona, tiendes a culpar siempre a los demás de tu sufrimiento. También les guardas rencor, llegando incluso a albergar sentimientos de odio y de venganza. Cada vez que te quejas, estás culpando. Cada vez que te decepcionas, estás culpando. Cada vez que te victimizas, estás culpando. Cada vez que te frustras, estás culpando. Cada vez que juzgas, estás culpando... Pero seamos justos. Tú también te culpas a ti mismo por el daño que crees que has causado a otras personas. La paradoja es que de tanto preservar tu inocencia para sentirte buena persona, en el proceso has quedado atrapado entre la culpa y la culpabilidad.

Composición

Nunca nadie te ha hecho daño

El dolor reprimido en tus entrañas te ha convertido en una persona susceptible y beligerante. Tus interpretaciones egocéntricas, ligadas a tus reacciones emocionales, son las que te llevan a sufrir y entrar en conflicto con los demás. Y debido a tu actitud victimista, sigues sin comprender que la causa de tu sufrimiento no tiene que ver con el estímulo, sino con tu reacción frente al estímulo. En realidad, tú eres el único capaz de perturbarte a ti mismo. Tú has sido, eres y siempre serás la causa de tu sufrimiento. Los demás te pueden matar físicamente. Pero en un plano espiritual, solo tú tienes el poder de hacerte daño. A pesar de librarse en tu propia mente, esta guerra ilusoria te provoca una serie de lastres emocionales, como la «culpabilidad», el «rencor», el «resentimiento», el «odio», el «castigo» y el «deseo de venganza». Estas emociones son el resultado de haber interpretado de forma excesivamente subjetiva y distorsionada algunos hechos acontecidos en el pasado. Sin embargo, condicionan tu red de relaciones en el presente, impidiéndote avanzar hacia el futuro. Y ponen de manifiesto un déficit de «perdón». Esta cualidad se desarrolla al ir liberándote del dolor que te generaste a ti mismo por no saber *relacionarte* con tus relaciones de forma más proactiva, constructiva y armoniosa.

Tratamiento

Al igual que tú, el resto del mundo lo hace lo mejor que sabe

Es cierto que has cometido muchos errores a lo largo de tu vida. De hecho, muchas de tus decisiones y acciones han provocado que unas cuantas personas se hayan perturbado a sí mismas. Algunas se han bebido garrafas de cianuro a tu salud. Y al creer que los demás son culpables de tu sufrimiento, te culpas por el que consideras que has generado a otras personas. Para poder perdonarte, has de comprender y asumir tu parte de responsabilidad. Y esta comienza y termina en el estímulo que emitiste, dejando que el otro se responsabilice por las consecuencias derivadas de cómo reaccionó frente a dicha situación. Si el conflicto surgió a raíz de una discusión, puedes disculparte por lo que dijiste, y por el tono de voz que empleaste al decirlo. Pero no has de sentirte culpable por lo que la otra persona sintió al respecto. Ella fue la causa de su sufrimiento, no tú. Su interpretación egocéntrica, ligada con su reacción emocional, fue lo que en última instancia la perturbó. El dolor ya estaba ahí en forma de susceptibilidad o actitud defensiva. Cuando aprendes a perdonarte a ti mismo, estás preparado para perdonar a los demás. En tu fuero interno, por supuesto. Jamás verbalmente; eso sería un acto infantil, grosero, soberbio y condescendiente. Durante tres meses, revisa tu pasado y allá donde haya culpa o rencor, trata de poner comprensión para sanarlo a través del perdón.

Efectos terapéuticos

Te ayuda a soltar lastres muy pesados

La culpabilidad es un invento muy útil para tenerte espiritualmente controlado. Te lleva a depender del perdón ajeno para redimirte y purificar tu alma. Afortunadamente ya no necesitas ningún intermediario. El verdadero perdón parte de la comprensión de que en un plano más profundo no es necesario perdonar ni perdonarse. ¿Cómo va a serlo si siempre lo haces lo mejor que puedes, nunca has hecho daño a nadie y estás en tu derecho de cometer errores con los que aprender y evolucionar como ser humano? Cultivar el perdón provoca una serie de efectos terapéuticos, erradicando de raíz la culpabilidad, el rencor, el resentimiento, el odio, el castigo y el deseo de venganza.

- Convicción para eliminar la palabra *culpa* de tu vocabulario, sustituyéndola por *responsabilidad*, soltando así tus lastres emocionales.
- Frecuentes episodios en los que comprendes que las personas más egocéntricas y conflictivas son las que más sufren.
- Incapacidad para seguir culpando a los demás por el sufrimiento que tú te generas a ti mismo, liberándote definitivamente del rencor.
- Pérdida de interés en culparte por los errores cometidos en el pasado.
- Fortaleza para pedir disculpas cada vez que uno de tus errores provoca que otra persona se perturbe a sí misma.
- Ataques temporales de lucidez, en los que interiorizas que no existe la maldad, tan solo un exceso de dolor, miedo e ignorancia que lleva a las personas a sacar lo peor de sí mismas.

- Mayor facilidad para no perturbarte a ti mismo al lidiar con los procesos emocionales que están viviendo el resto de las personas.

La ira es frecuentemente más dañina
que la injuria que la provocó.

SÉNECA

---

12. Desapego
Para los que siguen dependientes de su entorno social y buscan la felicidad en los demás

Consideraciones médicas

Sigues dependiendo de Papá y Mamá

Si eres como la mayoría de los adultos, seguramente sigas siendo dependiente de Papá y Mamá. Y no es para menos. Siendo un bebé, te pasaste muchas horas agarrado al pecho de tu madre. Te limpiaron el trasero unas cuantas veces al día durante años. Y también te cantaron cientos de nanas para que te durmieras de una maldita vez. Durante tu adolescencia tus padres te dijeron lo que podías o no hacer, imponiéndote sus límites y también sus limitaciones. Proyectaron sobre ti su forma de entender la vida, inoculándote —sin quererlo— sus propios miedos, complejos y frustraciones. Dado que no has recibido una verdadera educación, como adulto te cuesta valerte por ti mismo, no sabes pensar de forma autónoma y eres incapaz de ser emocionalmente autosuficiente. Así es como has terminado haciendo lo que se suponía que tenías que hacer para contentar a tu entorno social y familiar. En el proceso te has vuelto un «yonki emocional», completamente adicto a recibir la aprobación de los demás. La de cosas que has hecho para que la gente que te conoce piense bien de ti. Y peor aún: ¡la de cosas que habrás dejado de hacer por el mismo cochino motivo! ¿Por qué estudiaste lo que estudiaste? ¿A quién has estado tratando de contentar con tus decisiones? ¿Realmente has tenido los cojones de ser valiente y auténtico para seguir tu propio camino en la vida?

Composición

Deja de esperar que los demás te hagan feliz

La relación que mantienes con las personas que más quieres y te importan está protagonizada por una oscura paradoja: están marcadas por la lucha, el conflicto y el sufrimiento. Tienes tanto miedo de perderlas, que para proteger lo que crees que es tuyo aparecen los celos, el control y el afán de posesión. Detrás de estos deseos y miedos relacionados con tus vínculos afectivos, se esconde uno de los virus más letales que atentan contra tu salud emocional: el apego. Este defecto podría definirse como el afán de controlar y poseer aquello que quieres que sea tuyo y de nadie más. Estar apegado a alguien o algo también implica creer que *eso* que te pertenece es imprescindible para tu felicidad. Sin embargo, provoca en ti el efecto contrario. Más que unirte, el apego te separa de aquello a lo que estás apegado, mermando tu independencia y tu libertad. El «apego», los «celos», el «control», el «afán de posesividad» son síntomas que ponen de manifiesto un déficit de «desapego». Esta cualidad no quiere decir que la gente no te importe o que seas indiferente a lo que le ocurra. Más bien consiste en relacionarte con los demás sin perderte en tus relaciones, preservando la felicidad y la paz que residen dentro de ti. Y es que no eres una media naranja, desgajada y dependiente de otra mitad. Eres una naranja completa. Desarrollar el desapego te permite sentirte así. ¡Y hacer zumos espectaculares!

Tratamiento

Corta el cordón umbilical con la sociedad

Puede que ya no vivas con tu familia de origen, pero sigues sin haberte emancipado de ellos. Sigues dependiendo de la seguridad que te daba tu padre. Por eso eres tan dependiente económicamente de Papá Estado y Mamá Corporación. Has pasado de recibir la paga semanal a recibir la nómina mensual. En ningún momento has pensado que podrías resolver por ti mismo tus problemas laborales y financieros. Das por hecho que son otros quienes te los tienen que solucionar. Por otro lado, sigues siendo dependiente del afecto que te daba tu madre. Por eso esperas que los demás te hagan sentir aceptado y querido. Si te fijas, el patrón de dependencia sigue siendo el mismo. Para que cambie, es imprescindible que redefinas tu concepto de felicidad. ¿El día de tu boda? ¡Qué me estás contando! Pero si estabas agobiado por la mirada de toda esa gente. ¿El día que nació tu primer hijo? ¡Anda ya! Pero si estabas hecho un flan y agotado por los nervios. La verdadera felicidad no tiene ninguna causa externa. Está dentro de ti. Y lo mismo sucede con la valoración, la seguridad o la serenidad que sigues persiguiendo fuera. Durante tres meses, haz un curso de Constelaciones Familiares y aprende a cortar el cordón umbilical con tus padres. Toma decisiones siguiendo a tu voz interior, sin importar lo que piensen los egos de tu entorno social y familiar. Así es como darás tu primer paso para emanciparte de la sociedad.

Efectos terapéuticos

Te ayuda a emanciparte emocionalmente

El verdadero desapego surge cuando comprendes que nadie hace feliz a nadie. Del mismo modo que cuando quitas las obstrucciones del ojo te queda la vista, cuando quitas las obstrucciones de la mente te queda la felicidad. ¡Ya está dentro, al fondo a la derecha! Por otro lado, ¿quieres ser libre? Aprende a no esperar nada de nadie ni a querer que ocurra nada diferente de lo que sucede en cada momento. Cultivar el desapego provoca una serie de efectos terapéuticos, erradicando de raíz el apego, los celos, el control y el afán de posesividad.

- Mayor habilidad para relativizar tus circunstancias, dándote cuenta de que nada de lo que sucede merece que pierdas tu paz interior.
- Más sensibilidad para diferenciar los asuntos de los demás de tus propios asuntos, dejando de sufrir por el sufrimiento ajeno.
- Disminución del miedo a perder lo que tienes, entendiendo que la posesividad es una ilusión psicológica, dado que nada ni nadie te pertenece.
- Fortaleza para emanciparte emocionalmente de tu entorno, cortando el cordón umbilical que te ataba a la aprobación de tus padres.
- Incapacidad para seguir aferrándote a ninguna persona, posesión o creencia, entendiendo que nada es permanente y todo está en continuo cambio.
- Pérdida de interés en indignarte por cómo funciona el sistema, comprendiendo que cuanto más protestas contra las instituciones establecidas, más poder y autoridad les estás confiriendo para que se perpetúen como intermediarios entre tu responsabilidad y tú.

- Ataques temporales de conexión, en los que al soltar todas tus expectativas emerge desde tu interior una paz profunda.

No hay nada eterno y pocas cosas duraderas.
Todo lo que tuvo un principio ha de tener fin.

SÉNECA

---

13. ASERTIVIDAD
   PARA LOS QUE VAN DE AGRESIVOS O SE ESCONDEN
   PASIVAMENTE POR TEMOR A MOSTRARSE

Consideraciones médicas

Hablando no te entiendes con la gente

La vida es una ida de olla. El lenguaje que utilizas para comunicarte con los demás está compuesto por una serie de letras, palabras, símbolos, números e ideogramas que en sí mismos no significan nada. Tu mente las traduce e interpreta en base a un determinado sistema de creencias. Pero al hacerlo, distorsiona subjetivamente su verdadero significado. Es un milagro que hablando te entiendas con otra gente. Una cosa es la intención desde la que te comunicas con las personas. Otra, la forma en la que expresas lo que quieres decir. Y finalmente, la manera en la que tu interlocutor interpreta lo que has dicho. En demasiadas ocasiones, esta interpretación no tiene nada que ver con tu intención. Es entonces cuando se produce un malentendido, desde el que puede aflorar el conflicto en forma de represión o agresividad. Al activarse tu instinto de supervivencia emocional, en ocasiones quedas preso de tus emociones, las cuales te impiden hablar de forma tranquila y respetuosa. O tratas de imponer tu punto de vista o dejas que el otro imponga el suyo. Si eres de los que necesita tener la razón, tu vehemencia provoca que suelas perder los papeles. Y si eres de los que prefiere no entrar en conflicto, tiendes a agachar la cabeza, negándote a ti mismo. En ambos casos pierdes la capacidad de expresar con claridad lo que verdaderamente necesitas.

Composición

¿Domas tus palabras o estas te doman a ti?

La manera en la que te comunicas con los demás es un fiel reflejo de cómo te hablas a ti mismo. La calidad, la profundidad y la riqueza de tu vocabulario determina el tipo de relaciones que estableces. Pero dado que has sido maleducado, actualmente eres un analfabeto emocional en cuanto a las cuestiones más esenciales de la vida. Debido a tu ignorancia, no sabes cómo cuidar tu diálogo interno. Ni mucho menos cómo domar las palabras que corretean por tu mente y regurgitas por tu boca. Eres esclavo del lenguaje. Tu forma de expresarte genera conflictos en los demás. Y tu manera de interpretar lo que otros expresan te genera conflicto a ti. En vez de utilizarlas como puentes, has convertido las palabras en puñales. La «vehemencia», la «represión» y la «anulación» son un déficit de «asertividad». Esta cualidad representa el punto intermedio entre dos conductas extremas: la «agresividad» y la «pasividad». Te permite manifestar tus necesidades, expresar tus prioridades y compartir tus aspiraciones sin agredir ni someter a tus interlocutores. Y te inspira a hacerlo con mucha inteligencia y sutilidad, encontrando la forma de no perjudicar ni herir a ningún otro ser humano. La verdadera asertividad requiere de un estado interno de equilibrio, paz y bienestar. Solo así trasciendes la emocionalidad que tanto boicotea tu forma de comunicarte.

Tratamiento

No lo compartas todo con todo el mundo

Eres tan egocéntrico que crees que todo el mundo tiene que saberlo todo de ti. Dices que no soportas que te mientan. Por eso tú siempre dices la verdad. Pero ¿de qué *verdad* me estás hablando? ¿De la tuya? ¿Te refieres a ese conjunto de interpretaciones, suposiciones y creencias completamente subjetivas? ¡No, hombre, no! La única *Verdad* que merece ir con mayúsculas es el Amor. Cualquier pensamiento que tengas, interpretación que hagas o palabra que comuniques que no te deje un poso de armonía, paz y satisfacción es mentira. Procede del ego, ese gran embustero que quiere que distorsiones la realidad para seguir sufriendo y entrando en conflicto con los demás. Durante tres meses, observa lo que piensas, lo que interpretas, lo que dices y cómo te sientes al decirlo. Observa también a tu interlocutor. Si te relacionas movido por la sabiduría, el intercambio comunicativo fluye de forma natural, subiendo la energía vital de ambas personas. Para lograrlo, asiste a un curso de Programación Neurolingüística (PNL), una herramienta muy útil para cuestionar tus intenciones comunicativas y conseguir que tus palabras dejen de provocar reacciones conflictivas entre las personas de tu entorno. Y, sobre todo, aprende a filtrar sabiamente lo que compartes con los demás. Recuerda que eres dueño de lo que callas y esclavo de lo que dices. Quien quiera conocerte, créeme, hará lo posible por conocerte de verdad.

Efectos terapéuticos

Te invita a cultivar tu jardín secreto

Perfeccionar el modo de hablar y de gestionar lo que se dice es signo de madurez espiritual. Para no ofender el ego de nadie, hay que saber filtrar qué información cuentas y cuál queda oculta en tu «jardín secreto». Se trata de un espacio de intimidad donde se encuentra tu verdad personal, completamente desnuda. No confundas ser auténtico y honesto con ser radicalmente transparente. Omitir información que el otro no va a ser capaz de aceptar —y va a ser fuente de conflicto y perturbación— no es mentir piadosamente, sino actuar con inteligencia y asertividad. Cultivar esta cualidad provoca una serie de efectos terapéuticos, erradicando de raíz la agresividad, la vehemencia, la pasividad, la represión y la anulación.

- Mayor habilidad para elegir cuidadosamente tus palabras, compartiendo la información adecuada, de forma eficiente y en el momento oportuno.
- Ataques temporales de presencia, en los que al relacionarte con los demás te mantienes callado, escuchando con más atención y hablando con moderación.
- Incapacidad para tomarte la vida de los demás como algo personal.
- Más convicción para reservar tu jardín secreto a aquellas personas especiales que verdaderamente lo saben valorar.
- Pérdida de interés en hacer suposiciones y conjeturas sobre la vida de los demás.
- Frecuentes episodios en los que tomas conciencia de que eres libre para escoger con quién te relacionas, pudiendo soltar viejas amistades para dejar espacio a otras nuevas, todavía por llegar.

- Aumento de motivación para hablar con amabilidad al relacionarte con cada ser humano con el que te cruzas por el camino.

———————

Cuando somos amigos de nosotros mismos,
lo somos también de todo el mundo.

SÉNECA

———————

14. RESPETO
PARA LOS QUE NO SABEN AMAR Y TRATAN DE CAMBIAR A LOS DEMÁS

Consideraciones médicas

Quieres a los demás, pero no les amas

No tienes ni idea de lo que es el amor. Me refiero al verdadero, no al que estás tan acostumbrado a dar y recibir. Aunque pueda parecer lo mismo, existe una abismal diferencia entre «querer» y «amar». Querer es una conducta egocéntrica. Consiste en desear algo que te interesa, un medio para lograr un fin. Dado que partes de la carencia y la sensación de vacío, quieres a los demás en la medida en que te llenan y procuran satisfacción. Cuando quieres a alguien estás pensando en ti. Utilizas al otro para saciar tus deseos y expectativas. Estás tan cegado por tu ego que no ves al otro. La proyección te lleva a distorsionar a las personas de tu entorno, viéndolas como tú quieres que sean y no como en realidad son. El enamoramiento es la máxima expresión del querer. Se trata de una reacción bioquímica que dura entre seis meses y dos años; una especie de hechizo que surge de tu impulso biológico de procreación. Amar, por el contrario, es una actitud completamente diferente. Es sinónimo de comprender, aceptar, respetar, valorar, escuchar, agradecer, atender, ofrecer y, en definitiva, ser amable en cada momento y frente a cada situación. Es un comportamiento consciente y altruista; consiste en que seas cómplice del bienestar de los demás, viviéndolo como un fin en sí mismo. Surge de la sensación de plenitud, que te lleva a dar a los demás no lo que tú quieres, sino lo que de verdad necesitan.

Composición

Deja de querer cambiar a la gente

Dado que no te aceptas a ti mismo tal como eres, te es imposible aceptar a los demás tal como son. Vas por la vida con una imagen mental en tu cabeza de cómo la gente debería ser. Por eso reaccionas, sufres y entras en conflicto cada vez que alguien no cumple con tus expectativas. Movido por tu soberbia, interfieres en la vida de los demás, dándoles consejos y criticándolos por el tipo de decisiones que están tomando. Y al hacerlo, en muchas ocasiones te atreves a decirles que «quien bien te quiere, te hará llorar». ¡Olé tus huevos! Pero ahí no acaba la cosa. Tras indignarte porque no te hacen ni caso y siguen con la suya, con el tiempo te vas al otro extremo: la indiferencia. Te dices que lo has intentado todo para que cambien. Y que dado que pasan de ti, ahora eres tú quien pasa de ellos. Echa un vistazo a tus vínculos emocionales. ¿Cómo tratas a los demás? ¿Los juzgas? ¿Los menosprecias? ¿Confías en ellos? Si sueles sentir enfado, tristeza o ansiedad, es que todavía estás en guerra con tus relaciones. El «querer cambiar a los demás», la «indignación», la «crítica» y la «indiferencia» son un déficit de «respeto». Se trata de una cualidad que se desarrolla cuando empiezas a dejar a los demás en paz, dejando, a su vez, de forzarlos para que cumplan con tu ideal subjetivo de cómo deberían ser. Paradójicamente, al respetarlos como son, tu relación con ellos se transforma.

Tratamiento

Acepta el hecho de que no te aceptan

¿Te has fijado? Quieres cuando te quieren. Y a veces ni eso. ¿Cuántas veces amas a aquellas personas que te condenan o rechazan? ¿Una o ninguna? Das en función de lo que recibes, sin saber que recibes en función de lo que das. Durante tres meses aprende a aceptar incondicionalmente a cada persona con la que interactúes, aceptándote a ti mismo en el proceso. Eso no quiere decir que tengas que estar de acuerdo con ellas, ni que te gusten según qué actitudes y comportamientos. Simplemente trata de comprender por qué la gente es como es. ¡Incluso cuando no te aceptan! No reacciones frente a ellos ni esperes que sean diferentes de como son. Piensa que los demás —aun siendo egocéntricos, victimistas y reactivos— son perfectos tal como son porque están en su proceso hacia la perfección. No te quedes con la foto del momento. Mira un poco más allá. Al relacionarte con el otro, obsérvalo, compréndelo, acéptalo y después actúa en consecuencia. Puede que al principio te cueste algo de esfuerzo y perseverancia salir de tu patrón egocéntrico. Pero a base de entrenar, este estado de presencia y de consciencia empieza a surgir de forma espontánea y natural. Esencialmente porque verificas que actuar así hace bien al otro y te hace bien a ti. Así es como comprendes que aquello que no eres capaz de aceptar de los demás es la única causa de tu sufrimiento.

Efectos terapéuticos

Te libera del sufrimiento interpersonal

Respetar a los demás genera que tus palabras y acciones gocen de una nueva calidad, sabiendo adaptarte a lo que cada persona necesita en cada momento. Así es como siempre ofreces lo mejor de ti. Para beneficiarte de esta cualidad, tienes que haber desarrollado la responsabilidad, la proactividad, la compasión, el perdón, el desapego y la asertividad. El respeto provoca una serie de efectos terapéuticos, erradicando de raíz el querer cambiar a los demás, la indignación, la crítica y la indiferencia. Al cultivar tu inteligencia interpersonal, cesa el sufrimiento que te generas al relacionarte con otros seres humanos.

- Facilidad para entender que si te perturba el comportamiento del otro, es tu problema, no el suyo.
- Fortaleza para cultivar la «amigabilidad», es decir, la habilidad de ser amigable con las diferentes personas con las que interactúas.
- Pérdida de interés en interferir en la vida de los demás, mostrándote más empático, flexible, respetuoso y tolerante.
- Ataques temporales de serenidad, viendo que los demás son perfectos tal como son porque están en su proceso hacia la perfección.
- Discernimiento para entender que el hecho de que aceptes a una persona no quiere decir que tengas que pasar tiempo con ella.
- Disminución del uso de verbos como «tienes que», «debes de», «has de», dejando de criticar a los demás por no cumplir con la imagen mental que tienes de ellos en tu cabeza.
- Frecuentes episodios de ataraxia, en los que sientes cómo

se diluye tu ego y, por ende, tu necesidad de cambiar a otras personas.

Si queremos ser amados,
amemos nosotros primero.

Séneca

Para amar la vida tal como es

Además de saber ocuparte de tus asuntos sin interferir en los de los demás, es esencial que aprendas a relacionarte sabiamente con los asuntos de la vida. Es decir, con todo aquello que sucede en el mundo, en la realidad, en el Universo... Cada vez que te perturbas a ti mismo por las guerras, la pobreza o el hambre, te estás inmiscuyendo en los asuntos de la vida, saliéndote de tus propios asuntos.

Recuerda que tu mente está contaminada de conceptos humanos. Por eso, cuando miras el estado del mundo, consideras que hay infinidad de cosas que no están bien y que deben ser cambiadas. Al estar convencido de que crees que sabes cómo debería ser el orden del Universo, en ningún momento te cuestionas la ignorancia que te lleva a luchar contra lo que crees que está mal. Más allá de lo que creas, los resultados emocionales que obtienes en tu interior son el único indicador fiable para medir tu nivel de sabiduría desde el que interpretas y te relacionas con la vida.

Al igual que tú, nadie quiere sufrir de forma voluntaria. Y entonces ¿por qué sufres? La raíz de todo tu sufrimiento tiene que ver con el hecho de que no sabes nada acerca del funcionamiento del Universo. Frente a esta evidencia, solo necesitas verificar si has llegado a una saturación de conflicto e insatisfacción. Solo en ese caso estarás en disposición de trascender las creencias falsas que te impiden descubrir la verdad acerca de cómo se rigen todas las creaciones que forman parte de la creación, incluido tú.

¿Quién demonios te crees que eres para saber cómo debería ser el mundo? No hay mayor acto de arrogancia que querer cambiar la realidad para adecuarla a como tu ego considera que debería ser. Aunque no lo sepas y te cueste mucho de aceptar, el Universo está regido por una serie de leyes perfectas. Del mismo modo que se ha comprobado científicamente la existencia de la ley de la gravedad, existen muchos otros principios mucho más intangibles que gobiernan la vida. Si bien todavía no pueden demostrarse en los laboratorios, sí los puedes verificar empíricamente, a través de tu propia experiencia. Cada vez que quebrantas alguna de estas leyes, sufres. Así de sencillo. La función del sufrimiento consiste en detectar tu ignorancia, descubriendo el modo de comprender y fluir con este orden perfecto.

Aprender a respetar los asuntos de la vida te lleva —irremediablemente— a alcanzar la maestría en el arte de relacionarte con lo que sucede en el mundo. Y, como resultado, obtienes 0 % lucha y conflicto al interactuar con la realidad. Así, amar la vida tal como es consiste en aprovechar todas las situaciones y circunstancias adversas como una oportunidad para que tu consciencia siga creciendo y evolucionando, aprendiendo a dar lo mejor de ti mismo. Tanto para el Estoicismo como para Séneca, esta es la esencia del «desarrollo espiritual».

A continuación se detallan los siete principios activos que Séneca enseñaba para cultivar la «inteligencia transpersonal», es decir, la que te permite ir más allá de ti mismo, mejorando la relación que mantienes con la realidad. Aunque ahora mismo te cueste de entender, la vida es mucho más mágica y maravillosa de lo que la sociedad te ha venido explicando. Ojalá seas lo suficientemente valiente para abrir tu mente y tu corazón, cuestionando tu actual sistema de creencias. Cuando verifiques por ti mismo que es verdad, nada nunca volverá a ser como antes. Por fin habrás comprendido el sentido de tu existencia.

15. Evolución
Para los nihilistas, los cínicos y los que se niegan a aprender

Consideraciones médicas

Hazte mirar esa hemorragia cerebral llamada «nihilismo»

Igual eres de los que creen que la vida es un accidente regido por la suerte y las coincidencias. Y que no importan tus decisiones y tus acciones, pues en última instancia las cosas ocurren por casualidad. Puede que incluso hayas abrazado el nihilismo como filosofía, negando cualquier finalidad trascendente de la existencia humana. En base a esta creencia, sueles llevar una vida vacía y sin sentido. Lo irónico es que la existencia de estas creencias limitadoras pone de manifiesto que todo lo que existe tiene un propósito, por más que muchas veces no sepas descifrarlo. Así, creer que no tienes ningún tipo de control sobre tu existencia refuerza tu victimismo. Y pensar que la vida carece por completo de sentido justifica tu tendencia a huir constantemente de ti mismo por medio del consumo y el entretenimiento. Es decir, que incluso estas creencias tienen su propia razón de ser. Cumplen la función de evitar que te enfrentes a tus dos mayores temores: el miedo a la libertad y el miedo al vacío. Mientras sigas creyendo que tu propia vida no depende de ti, podrás seguir eludiendo cualquier tipo de responsabilidad. Y mientras sigas pensando que el Universo funciona de forma aleatoria y caótica, podrás seguir marginando cualquier posibilidad de encontrar respuesta a dos inquietantes preguntas: ¿cuál es el sentido de la vida? Y ¿cuál es tu propósito como ser humano?

Composición

No hay nada imperfecto en el Universo; ni siquiera tú

De la misma manera que cuando lanzas al aire un puñado de arena este no cae al suelo en forma de castillo, el Universo no se ha construido por azar. Pese al aparente caos y absurdidad, todo lo que existe tiene un plan, una razón de ser. Detrás de cualquier fenómeno que puedas percibir con tus sentidos físicos se esconde una ley invisible que lo rige. El hecho de que no puedas ver estas leyes con los ojos no quiere decir que no existan. Se trata de un conjunto de principios permanentes e inmutables que se pueden reconocer a través de los resultados que obtienes. Cuando infringes una de estas leyes, aparecen bloqueos, conflictos y perturbaciones. En cambio, cuando aprendes a obedecerlas, empiezas a cosechar resultados de satisfacción de forma voluntaria. No importa lo que opines sobre este orden perfecto. Lo importante es que verifiques su existencia para aprender a fluir en *él*. ¿Qué pasa cuando te saltas un semáforo? Bocinazo, susto, accidente, cárcel, hospital, cementerio... ¿Y qué haces cuando te hartas de pagar multas? Finalmente decides obedecer las leyes de tráfico. Lo mismo sucede con las leyes del Universo. ¿Ya estás harto de sufrir? El «nihilismo» y el «cinismo» ponen de manifiesto un déficit de «evolución». Esta cualidad consiste en ver la vida como un continuo proceso de aprendizaje, aprovechando las experiencias que nos trae la vida para evolucionar.

Tratamiento

Ten la decencia de aprender de tus errores

Seguramente te estés preguntando cómo es posible que todo sea perfecto cuando medio mundo se encuentra asolado por la guerra, la pobreza y el hambre. Si bien existen ciertas leyes superiores inviolables, hay otras que los seres humanos sí podemos quebrantar. Según «la ley de la evolución», la humanidad goza de libre albedrío para desobedecer leyes inferiores, pudiendo así reconocer la existencia de estos principios a través del conflicto y el sufrimiento que genera violar dichas leyes. Pero vayamos a tu caso. Si de verdad quieres dejar de sufrir, durante tres meses comprende cómo funcionan cada una de estas leyes universales. Busca en Google «Enseñanzas de Gerardo Schmedling». Y lee todo lo que puedas. En el momento en que tu ignorancia devenga en sabiduría, ya verás como decidirás obedecerlas voluntariamente para obtener resultados de satisfacción. El libre albedrío es la facultad que la vida te ha concedido para que puedas cometer errores con los que aprender. El error es la herramienta que utiliza la evolución para que evoluciones. Abandona cualquier intento de interferir o desbaratar el orden perfecto que rige el Universo. Puede que te lleve toda una vida entenderlo, pero el caos es el orden que todavía no comprendes.

Efectos terapéuticos

Te permite comprender el funcionamiento de la vida

Solo cuando vives bajo la ignorancia te atreves a transgredir la ley. Y dado que la ley de la evolución te permite seguir yendo en contra de ciertas leyes inferiores, te está permitido seguir cometiendo errores y no aprender de ellos durante el resto de tu vida. Sin embargo, desarrollar la cualidad de evolucionar te proporciona la información de sabiduría necesaria para comprender la función y el funcionamiento de todos los procesos que forman parte de la realidad, del mundo y del Universo. La evolución provoca una serie de efectos terapéuticos, erradicando de raíz el nihilismo y el cinismo.

- Disminución del miedo a cuestionar la cosmología actual, según la cual el Universo está gobernado por el caos y el azar.
- Frecuentes episodios de lucidez, en los que detectas las señales que te manda la vida para que dejes de luchar contra ella.
- Mayor convicción para desarrollarte espiritualmente, informándote acerca de las leyes que rigen el Universo.
- Menos deseo de que cambie el mundo, comprendiendo que cada proceso vital, por más trágico que te parezca, es necesario para quien lo vive.
- Incapacidad para seguir tratando de desbaratar el orden perfecto del Universo, respetando los asuntos de la vida.
- Fortaleza para sustituir los conceptos humanos con los que fuiste condicionado por verdades verificadas a través de tu experiencia.
- Pérdida de interés en indignarte por el estado del mundo actual, entendiendo que es el resultado de la violación de

ciertas leyes inferiores, las cuales llevarán a la humanidad, tarde o temprano, a comprender su existencia.

———————

Toda la armonía de este mundo está formada por discordancias.

SÉNECA

———————

16. Correspondencia
Para los que creen en la injusticia, los que no aprovechan su destino ni desarrollan su misión

Consideraciones médicas

¿De qué injusticias me estás hablando?

Estoy a punto de soltarte una bomba. Te advierto que existe un 99,9 % de posibilidades de que te perturbes a ti mismo y mandes este libro a la mierda. ¿Preparado? No existe la injusticia. De hecho, nunca ha existido. Dado que nadie nunca te ha explicado que todo es perfecto y que la realidad es neutra, sigues creyendo que aquellas cosas que no comprendes y te causan sufrimiento son injustas. Consideras injusto que haya tantas desigualdades entre los ricos y los pobres. Que el sistema económico esté destruyendo la naturaleza. O que haya gente que se ha quedado en la calle por no poder pagar su hipoteca. Y a menor escala, también ves injusto que te paguen tan poco por lo mucho que trabajas y que tu suegra sea más maja con tu cuñado, cuando tú te lo curras con ella mucho más que él. ¡Madura de una vez! El estado actual del mundo es un fiel reflejo de la tremenda enfermedad espiritual que padece la humanidad. Y esto no es bueno ni malo; más bien es necesario. Toda situación, por confusa o adversa que sea, tiene un propósito de aprendizaje. «Pero ¿para qué?», te estarás preguntando. Pues para que llegue un momento en que nos hartemos de tanta lucha y sufrimiento, creciendo colectivamente en comprensión para organizarnos social y económicamente de un modo que cree armonía y nos beneficie realmente a todos. Los cambios de verdad no suceden por bondad, sino por necesidad.

Composición

Te guste o no, estás en manos del karma

Estás mucho más predeterminado de lo que te puedes imaginar. En el Universo no ocurre nada por casualidad. El lugar en el que naciste. La raza a la cual perteneces. La genética que te condiciona. El signo zodiacal que marca tu patrón energético. El modelo mental que determina tu personalidad. Los padres que te han tocado. La cultura y la religión que te han inculcado. El tipo de creencias que has adquirido. Absolutamente todo lo que te constituye como ser humano está diseñado de forma perfecta para que a través de un proceso de aprendizaje cumplas tu propósito en esta vida: ser feliz por ti mismo, estar en paz con los demás y amar la vida tal como es. Según «la ley de la correspondencia» tú generas las circunstancias que necesitas para confrontar tu ignorancia. Así, tiendes a atraer aquello que todavía no comprendes ni aceptas. Solo te sucede lo que te tiene que suceder. Y lo mismo le ocurre al resto del mundo. Creer en la «injusticia» pone de manifiesto una carencia de «correspondencia». Llámalo «karma», «causalidad» o «sincronicidad». Esta cualidad te permite comprender que en todo momento eres correspondiente con las personas y situaciones que te tocan vivir. Y que a menos que aprendas de ellas, las seguirás atrayendo una y otra vez. Hasta que aprendas.

Tratamiento

En vez de ser buena persona, aprende a ser feliz

¿Qué resultados obtienes al luchar contra la injusticia? Sufrimiento y conflicto, ¿no? Nadie pone en duda tus buenas intenciones. Pero están movidas por la ignorancia. Tu afán de ser buena persona te lleva a desobedecer las leyes que rigen de forma perfecta el Universo, interfiriendo en procesos de aprendizaje necesarios para quien los vive. La paradoja es que consideras injustas precisamente aquellas experiencias que posibilitan el crecimiento y la evolución de otros seres humanos. Y lo haces precisamente por resistirte a aprender de las circunstancias adversas que atraes a tu vida. Durante tres meses, en vez de preguntarte *por qué* te ocurren según qué cosas, pregúntate *para qué* te suceden. Echa un vistazo a tu pasado. Analiza las decisiones y acciones que tomaste en su día, así como los resultados que generaron. Esta red de causas y efectos es lo que determina el tipo de circunstancias correspondientes que necesitas vivir en el presente para poder crecer y evolucionar como ser humano. Cuanto menos evolucionado estás, más atraes situaciones complicadas y dolorosas. Y en el caso de que aprendas de ellas, te haces correspondiente con nuevas circunstancias externas, mucho más satisfactorias. Como consecuencia de tu proceso de aprendizaje, conviertes tu destino (lo que has venido a aprender) en tu misión (lo que has venido a entregar), realizándose el propósito de tu vida.

Efectos terapéuticos

Te permite aprender lo que has venido a aprender

Recuérdate cada mañana que estás comprometido con aprovechar todo lo que te pase como una oportunidad de aprendizaje y evolución. Y es que solo enfrentas situaciones que todavía no has comprendido. La evolución no va para atrás, sino para adelante. Al ser consciente de ello, empiezas a fluir con la ley de la correspondencia. Cultivar esta cualidad provoca una serie de efectos terapéuticos, erradicando de raíz la concepción de injusticia que tienes acerca de los acontecimientos que suceden en el mundo.

- Disminución del miedo a explorar tus temores, frustraciones y complejos, sabiendo que lo que no haces consciente lo atraes a tu vida como destino.
- Mayor habilidad para aprovechar las hostias que te va pegando la vida, levantándote después de cada golpe un poco más fuerte y sabio.
- Facilidad para ver que cada cual es correspondiente con lo que vive, en función del tipo de aprendizaje que necesita realizar.
- Ataques temporales de consciencia, en los que agradeces las situaciones desagradables que estás viviendo, pues son las que van a posibilitar que encuentres tu misión en la vida.
- Más capacidad para saber lo que te corresponde hacer y dejar de hacer en cada momento y frente a cada situación.
- Frecuentes episodios de lucidez, en los que comprendes que todo lo que te sucede es justamente lo que necesitas para aprender a ser feliz.
- Más convicción para trascender las limitaciones que te impiden aprovechar tu destino, generando una nueva correspondencia mucho más satisfactoria.

La adversidad es ocasión de virtud.

SÉNECA

---

17. ECUANIMIDAD
PARA LOS QUE CREEN QUE LAS COSAS SON BUENAS O MALAS Y NO VEN LA PERFECCIÓN INHERENTE A LA VIDA

Consideraciones médicas

No te indignes ni seas indiferente al mundo

Hay tres tipos de seres humanos, según su nivel de comprensión sobre el funcionamiento del Universo. En el primer grupo están los que sueles considerar los «malos». Es decir, aquellos que —movidos por su ignorancia— todavía no han desarrollado el sentimiento de bondad, mostrándose indiferentes frente a las experiencias de los demás. Al pasar olímpicamente de la gente, no se preocupan ni interfieren en los procesos vitales de otras personas. Seguramente tú estás en el segundo grupo, formado por los «buenos». Al haber desarrollado la empatía y la sensibilidad, sufres y te indignas por las injusticias y los dramas que asolan el mundo. Al ignorar la existencia de las leyes universales, quieres solucionar los problemas de las personas que te rodean, tratando de desbaratar el orden perfecto del Universo. En el tercer grupo se encuentran los «ecuánimes». Al comprender los principios que rigen la vida ya no entran en conflicto contra la realidad. Respetan los procesos de aprendizaje de todos los seres humanos, estando dispuestos a compartir su sabiduría en el momento oportuno. Cada uno de estos tres personajes cumple una función necesaria y específica dentro del plan pedagógico del Universo. La gran diferencia es que los malos no saben que no saben; los buenos creen que saben y los ecuánimes saben que saben. Por eso son los únicos que ya no sufren al interactuar con la realidad.

Composición

Deja de ser una persona moral

Has sido condicionado para regirte según tu conciencia moral. Es decir, para tomar decisiones y comportarte basándote en lo que está bien y lo que está mal. Desde que eras un niño se te ha venido premiando cuando has sido bueno y castigado cuando has sido malo. Así es como tus padres —con todas sus buenas intenciones— han tratado de orientarte y protegerte. Lo curioso es que esta fragmentación dual de la realidad es una distorsión completamente subjetiva. Tu moral no es más que tu punto de vista sobre cómo debe ser la realidad. Así, las cosas están bien o están mal en función de si se corresponden con la idea que tienes de ellas en tu cabeza. En esta misma línea, los demás son buenos o malos en la medida en que se comportan como tú esperas. Y lo mismo le sucede al resto de la gente. De ahí que a la hora de hacer interpretaciones y valoraciones *todo* sea relativo. La moral te lleva al error de creer que debes cambiar la realidad, impidiéndote aceptar el orden perfecto que rige el Universo. Y la no aceptación de la realidad te mantiene atado a la lucha y el sufrimiento. Una vez más, este hecho no es bueno ni malo. Es necesario para que llegue un día en que —saturado de malestar— te des cuenta de que la «moral» es un déficit de «ecuanimidad». Esta cualidad te permite ver lo bueno en lo malo y lo malo en lo bueno, adoptando una visión de la vida mucho más objetiva y neutra.

Tratamiento

No hay problemas, solo oportunidades de aprendizaje

En el Universo no ocurre nada bueno ni malo, sino que todo lo que sucede es neutro y necesario. La vida es un conjunto infinito de procesos orgánicos que atraviesan diferentes fases y etapas. En la realidad no hay problemas. ¡Ninguno, te lo aseguro! Estos solo existen en tu mente, tan embotada de creencias falsas y limitantes. Pero ¿qué es un problema? Pues cualquier situación o circunstancia de la vida que provoque que tú te perturbes a ti mismo. El problema aparece cuando luchas y entras en conflicto contra alguno de los procesos necesarios que forman parte del orden perfecto del Universo. Así, cada individuo, organización o sistema que forma parte del mundo está en su proceso evolutivo. Del mismo modo, tú también estás viviendo tu propio proceso, evolucionando. El hecho de que lo juzgues —considerándolo bueno o malo— no tiene nada que ver con el proceso, sino con lo que tú piensas al respecto. Durante tres meses, ejercita el hábito de ver la realidad neutra. Entiende que es *algo* que está ahí, independientemente de lo que tú pienses o sientas al respecto. Y verifica por ti mismo cómo tus problemas van solucionándose en la medida en que aprendes de ellos. En el colegio de la vida, las leyes de evolución y correspondencia no admiten que pases de un curso a otro hasta que comprendas lo que la vida —a través de situaciones específicas— ha venido a enseñarte.

Efectos terapéuticos

Te permite neutralizar todo lo que te sucede

La ecuanimidad te lleva a trascender el péndulo emocional en el que vives al interpretar la realidad de forma dual. Digamos que ya no te desequilibras con tanta facilidad, bajándote de la montaña rusa emocional en la que vivías. Así es como poco a poco tu bienestar interno deja de depender de tus circunstancias externas, aprendiendo a proteger y salvaguardar tu felicidad y tu paz de los acontecimientos que escapan a tu control. Cultivar la ecuanimidad provoca los siguientes efectos terapéuticos, erradicando de raíz cualquier noción dualista y moral de la realidad.

- Mayor habilidad para ver los infinitos matices grises existentes entre lo que algunos ven de color blanco y otros, de color negro.
- Ataques temporales de lucidez, en los que comprendes que todas las personas, incluyendo las más ignorantes, son necesarias en el plan pedagógico del Universo.
- Facilidad para interpretar lo que sucede de forma ecuánime, dando lo mejor de ti mismo independientemente de lo que pienses al respecto.
- Pérdida de interés en querer cambiar los procesos perfectos del Universo, aprovechándolos para tu transformación interior.
- Fortaleza para no interferir en las actividades de los malos y los buenos, viéndolos de forma más neutra y sabiendo relacionarte con ellos con asertividad.
- Aumento de motivación para aceptar a las personas tal como son, incluso cuando no actúan como a ti te gustaría que lo hicieran.
- Frecuentes episodios en los que neutralizas las cosas que

te pasan, viendo los pros y los contras de cada situación, aprendiendo a mantener tu serenidad y equilibrio internos.

———————

Todo lo que sucede es perfecto
porque está en su proceso hacia la perfección.

SÉNECA

———————

18. Agradecimiento
Para los que quieren más de lo que tienen, obviando que lo que tienen es lo que necesitan

Consideraciones médicas

Tu tragedia es que siempre quieres más de lo que tienes

El Universo está hecho de abundancia. Sin embargo, tú sigues padeciendo de escasez. Si eres rico en lo material, quieres más paz. En cambio, si eres pobre, quieres menos precariedades. Si estás casado y tienes hijos, quieres más libertad. Por el contrario, si no compartes tu existencia con alguien, quieres menos soledad. Es una constante en tu vida: siempre quieres algo diferente de lo que tienes. Irónicamente, casi nunca obtienes aquello que deseas. De ahí que la mayoría de tus expectativas se hayan transformado en desilusiones y frustraciones. Para dejar de sufrir has de comprender que «querer» significa exactamente «desear aquello que no tienes». Pero dado que eres más tozudo que una mula, sigues empeñado en seguir deseándolo. Da igual lo que logres en lo material o en lo económico. No importa lo que consigas en lo espiritual o en lo sentimental. Tu ego jamás se siente satisfecho. Siempre quiere más. Este modo ignorante de vivir te lleva a violar constantemente la ley de la correspondencia, según la cual solo puedes tener aquello con lo que eres correspondiente. Si no fuera así, podrías conseguir todo lo que desearas, desbaratando el orden perfecto del Universo. Paradójicamente, lo que quieres es lo que no necesitas, y además es la causa de tu sufrimiento.

Composición

Es imposible que pierdas lo que necesitas

Has venido al mundo con lo necesario para vivir. El problema es que no vives como quieres. Y dado que nada funciona como tú deseas, te pasas la vida generando(te) todo tipo de conflictos y perturbaciones. ¿Cuánto cianuro más necesitas para comprender que lo que quieres está fuera de las leyes que rigen el Universo? Lo paradójico es que ahora mismo, en este preciso instante, tienes exactamente lo que necesitas. Ni más ni menos. Pero ¿lo necesario para qué? Pues para aprender a ser feliz de verdad, encontrando la felicidad dentro de ti mismo. Solo dejarás de sufrir el día que entiendas que no necesitas lo que quieres. Además, si bien es muy difícil que consigas lo que deseas, es imposible que pierdas lo que necesitas. Recuerda que tu existencia es un proceso pedagógico regido por leyes perfectas. Siempre estás en el lugar oportuno con los recursos exactos para aprender lo que te corresponde aprender. Si interiorizas este principio esencial del Universo, jamás volverás a padecer escasez. La «queja» por no conseguir lo que quieres, la «avaricia» de retener lo que posees, así como la «codicia» de desear siempre más, son un déficit de «agradecimiento». Esta cualidad te lleva a valorar el aprendizaje derivado de todas las experiencias del pasado. Y, sobre todo, a no dar por sentado lo que tienes en el presente, abriéndote a la abundancia de la vida.

Tratamiento

<u>Valora lo que tienes un par de veces al día</u>

Te quejas todo el día de tu trabajo. Pero ¿qué pasaría si lo per-dieras y no pudieras pagar tus facturas? Te quejas constante-mente de tu pareja. Pero ¿y si finalmente decidiera mandarte a freír espárragos e irse de casa para siempre? Al estar tan cegado por tus deseos, no valoras de verdad lo que tienes hasta que lo pierdes. Y no solo eso. Tu ego te lleva a enfatizar aquellos he-chos que consideras que te perjudican o que directamente no te benefician. No tardas ni medio minuto en quejarte cuan-do internet de pronto no te funciona. Pero ¿cuántas veces valo-ras y agradeces el hecho de poder navegar por el ciberespacio? ¿Cuántas veces en tu día a día te paras a dar gracias por tener cubiertas tus necesidades básicas? ¿Cuántas veces agradeces poder compartir tu vida con otras personas en vez de vivir en una isla desierta? ¿Cuántas veces? Sé honesto. ¿Una o ninguna? Durante tres meses no des por sentado nada de lo que tienes. Aprende a apreciarlo. Encuentra cada día al menos tres detalles cotidianos por los que sentirte profundamente agradecido. Y recuerda que tu capacidad de valorar lo que sí forma parte de tu vida es infinita, tan ilimitada como lo es tu imaginación. La valoración de lo que tienes es la clave de la verdadera riqueza y prosperidad.

Efectos terapéuticos

<u>Te permite ser rico espiritualmente</u>

Por más ambiciones que alimentes en tu cabeza, el propósito de tu vida consiste en aprender a ser feliz y estar en paz contigo mismo para poder amar la vida tal como es. Si todavía no has realizado este aprendizaje, te vuelves correspondiente con nuevas experiencias adversas con las que cultivar tu sabiduría. Piénsalo un momento. ¿Cuáles son las situaciones más difíciles a las que te has enfrentado? ¿Para qué crees que te sucedieron? ¿Y a qué atribuyes haber salido de ellas? Cultivar el agradecimiento provoca una serie de efectos terapéuticos, erradicando de raíz la queja, la avaricia y la codicia.

- Más sensibilidad para dar gracias por el simple hecho de estar vivo.
- Pérdida de interés en querer y desear exactamente lo que no tienes, dándote cuenta de que a menos que seas feliz con lo que tienes, tampoco lo serás con lo que te falta.
- Más convicción para aprovechar todo lo que te sucede, valorar todo lo que tienes y disfrutar de todo lo que haces.
- Ataques temporales de consciencia, en los que agradeces las situaciones adversas que atraes a tu vida, entendiendo que son necesarias para tu desarrollo espiritual.
- Mayor habilidad para cultivar la riqueza espiritual, apreciando las pequeñas grandes cosas de la vida que siempre están a tu alcance.
- Incapacidad para hacer depender tu felicidad de la satisfacción de tus deseos.
- Frecuentes episodios en los que sonríes con complicidad a la vida, intuyendo el aprendizaje derivado de las experiencias complicadas y dramáticas que te está tocando vivir.

¿Quién de nosotros escribe en su diario
los favores recibidos?

SÉNECA

---

19. Confianza
PARA LOS QUE ESTÁN OBSESIONADOS CON LA SEGURIDAD
Y NIEGAN LA INCERTIDUMBRE DE LA VIDA

Consideraciones médicas

Eres prisionero de tu afán de seguridad

Estás muerto de miedo. Por eso quieres tener el control absoluto de tu existencia. Fíjate en tu obsesión por crear y preservar una misma rutina, intentando, en la medida de lo posible, no salirte del guion preestablecido. Es muy probable que hayas estudiado una carrera universitaria que te haya garantizado salidas profesionales. Que trabajes para una empresa que te haya hecho un contrato indefinido. Que hayas solicitado una hipoteca al banco para comprar y tener un piso en propiedad. Y también un plan de pensiones para no tener que preocuparte cuando llegue el día de tu jubilación. En definitiva, seguramente hayas seguido al pie de la letra lo que el sistema te ha dicho que hagas para llevar una vida *normal*. Es decir, completamente planificada y, en principio, segura y carente de riesgo. Con cada decisión que tomas anhelas tener la certeza de que se trata de la elección correcta, previniéndote de cometer fallos y errores. Sin embargo, este tipo de comportamiento pone de manifiesto que te sientes indefenso e inseguro. Y esto, a su vez, revela que en general no sabes convivir con la incertidumbre inherente a tu existencia. Paradójicamente, si bien tratar de tener el control te genera tensión, soltarlo te produce todavía más ansiedad. Por eso te sientes atrapado, prisionero de tu afán de seguridad.

Composición

Deja de inventar peligros para justificar tu miedo

La única certeza que existe es que tarde o temprano vas a morir. Y mientras tanto, estás condenado a tomar decisiones. Sin embargo, tu falta total de coraje te impide hacer uso de tu libertad para elegir. Cuanto mayores son tus inseguridades, más te dejas llevar por la opinión de la mayoría, negando la posibilidad de escucharte a ti mismo. Así es como permites que las neurosis de la sociedad se conviertan también en las tuyas. En muchas ocasiones experimentas temor sin ser acechado por ningún peligro real e inminente. Lo enfermizo del asunto es que para justificar y mantener tu miedo, sueles inventarte dichos escenarios amenazantes en tu mente. ¿Cuántas veces has temido perder *algo* sin que existiera ninguna evidencia científica que corroborara que en efecto estabas a punto de perderlo? A esta distorsión cognitiva se la conoce coloquialmente como «pre-ocupación». Y al igual que la «ansiedad», el «miedo» y la «inseguridad», pone de manifiesto un déficit de «confianza». Esta cualidad se entrena y desarrolla al empezar a escuchar a tu voz interior, atreviéndote a tomar decisiones movidas por tu corazón. Se fortalece cada vez que tomas decisiones por ti mismo, asumiendo las consecuencias que tienen tus actos. Y te permite vislumbrar el karma que tú mismo generas cada vez que escoges entre una opción u otra, por pequeña e insignificante que tú creas que sea.

Tratamiento

Solo sucede lo que tiene que suceder(te)

Sufres porque piensas en lo peor que puede sucederte, creyendo que en caso de que suceda, estarás más preparado para afrontarlo. También sufres porque temes perder lo que tienes, creyendo que en caso de que lo pierdas, no podrás ser feliz. ¿Te das cuenta de lo absurdo de tu sufrimiento? Todo tu miedo no es real. Es completamente imaginario. Solo existe en tu mente porque tu corazón está envenenado de desconfianza. Para trascender tus temores has de comprender que la búsqueda de seguridad externa es una batalla de antemano perdida. La verdadera seguridad no está relacionada con tus circunstancias externas, las cuales están regidas por leyes universales que no puedes controlar. Más bien se trata de un estado emocional interno que te permite vivir con confianza, coraje y valentía, liberándote de tu arraigada obsesión por pensar en potenciales amenazas y peligros futuros. Durante tres meses, repítete cada mañana en tu fuero interno que la vida siempre te da lo que necesitas para evolucionar como ser humano. Aprende a confiar en que pase lo que pase, algo de provecho sacarás. Y, sobre todo, encuentra la certeza dentro de ti mismo de que nunca va a faltarte lo necesario para que puedas ser feliz. Confiar en la vida es la medicina que necesitas para curar tus temores e inseguridades.

Efectos terapéuticos

Te permite confiar plenamente en la vida

El agradecimiento surge cuando aprendes que la vida no te trajo lo que querías, sino lo que necesitabas para convertirte en quien eres. Tiene que ver con el pasado. En cambio, la confianza aparece cuando comprendes que la vida no te va a traer lo que deseas, sino nuevamente lo que necesitas para convertirte en quien puedes llegar a ser. Está relacionada con el futuro. Así es como empiezas a confiar plenamente en la vida. De pronto sientes que al final todo saldrá *bien*; y que en caso de no salir *bien*, es que todavía no es el final. Cultivar esta cualidad provoca una serie de efectos terapéuticos, erradicando de raíz la preocupación, la ansiedad, el miedo y la inseguridad.

- Mayor facilidad para mantener la calma cada vez que surgen imprevistos, contratiempos y adversidades.
- Convicción para salir de tu zona de comodidad y adentrarte en la incertidumbre de la vida.
- Frecuentes episodios en los que tomas decisiones movido por tu intuición, sin importar la opinión de los que te rodean.
- Pérdida de interés en encerrar el misterio de la existencia en una caja de certezas, dejando de perseguir la seguridad absoluta.
- Fortaleza para no pre-ocuparte, comprendiendo que lo peor que puede pasarte es que pase algo que te aporte un valioso aprendizaje de la vida.
- Mayor habilidad para cultivar la resiliencia, aprovechando tus circunstancias adversas para madurar emocionalmente.
- Ataques temporales de lucidez, en los ya no esperas nada de la vida, sino que confías en que esta te dará siempre lo que necesitas.

Todo lo que nos sucede
sucede por algo y para algo.

SÉNECA

---

20. Obediencia
Para los que creen que la libertad consiste en hacer siempre lo que les da la gana

Consideraciones médicas

Eres esclavo de tu afán de libertad

Fuiste condicionado para ser una oveja y seguir al rebaño. Pero hubo un día en que te rebelaste, convirtiéndote en un león. Te prometiste a ti mismo que jamás volverías a someterte a nada ni a nadie; que seguirías tu propio camino en la vida. ¡Bien por ti! Sin embargo, tomaste aquella decisión de forma adolescente y reactiva. Estabas tan hasta las narices de recibir órdenes de todo el mundo, que te convenciste de que ser libre consistía en hacer lo que quisieras cuando quisieras. Desde entonces, tu libertad se ha visto mermada por diferentes obstáculos, bloqueos, límites y obstrucciones. Sufres por no poder hacer lo que te da la gana. Paradójicamente, en tu afán de ser libre te has vuelto esclavo de la libertad. Y es que una cosa es la voluntad de tu ego (lo que tú quieres que suceda) y otra, muy distinta, la voluntad de la vida: lo que tiene que suceder(te). Tienes todo el derecho de desear. Y en ocasiones —muy pocas— puede que incluso consigas aquello que quieres. Pero si esperas obtener constantemente eso que deseas, tarde o temprano vas a chocar y entrar en conflicto contra las leyes que rigen el Universo. Insisto: a la vida no le importa lo que tú quieres. Su función es darte en todo momento lo que necesitas. Mientras lo que quieres no sea lo que necesitas, tu libertad va a empotrarse una y otra vez contra el muro de la realidad.

Composición

Agacha la cabeza y ríndete de una vez

En el nombre de la libertad, en realidad lo único que has estado haciendo ha sido dejarte llevar por tu libertinaje. Es decir, por el impulso infantil de hacer lo que quieras, como quieras, donde quieras, con quien quieras y cuando quieras... Si bien es de sabios rebelarte contra lo que puedes sublevarte, no es muy inteligente ir en contra del orden perfecto que rige el Universo. De ahí la importancia de diferenciar entre la voluntad de la vida y la voluntad de tu ego. Lo que necesitas es lo que tienes, mientras que lo que quieres es lo que te falta. Cuando deseas algo y lo consigues es porque lo necesitas. En el caso de no conseguirlo es porque no es necesario para ti. Así de simple. Para empezar a tomar decisiones alineadas con la voluntad de la vida has de pasar por tres etapas. Primero has de emplear tu libre albedrío para equivocarte y sufrir, reconociendo así la existencia de una ley universal. En segundo lugar, es necesario que comprendas cómo funciona. Y el tercer y último paso radica en obedecer la ley que rige el proceso contra el que has entrado en conflicto. La «voluntad del ego» y el «libertinaje» son síntomas que ponen de manifiesto un déficit de «obediencia». Esta cualidad requiere de una enorme humildad, confianza y discernimiento. Y experimentarás su grandeza en el preciso instante en que agaches la cabeza y te rindas al orden perfecto del Universo.

Tratamiento

Diferencia entre constancia y terquedad

Obedecer no quiere decir que te conviertas en una boya que va a la deriva, dejándose arrastrar sin rumbo ni sentido. Más bien significa aprender a fluir, guiándote solamente por tu intuición. Cuando escuchas a tu voz interior, sabes en todo momento lo que te corresponde hacer. Y también lo que es necesario soltar. En esencia, te permite diferenciar entre la constancia y la terquedad. Pongamos por caso que quieres una determinada cosa. Y que para conseguirla has de quedar con una persona específica. Tras llamarla cuatro veces a su oficina, mandarle dos mails y enviarle una carta por correo ordinario, parece que no hay manera de contactar con ella. En el proceso no dejan de aparecer obstáculos que te impiden lograr tu objetivo. Y no paras de perturbarte a ti mismo. La vida te está hablando, pero tú no le haces ni caso. Por eso puede que incluso estés pensando en presentarte en su despacho... Durante tres meses, aprende a soltar y renunciar a todo aquello que no fluye y que, por tanto, no te corresponde. Eso sí, nunca intentes algo menos de tres veces por falta de constancia. Y, por favor, nunca trates de conseguir algo más de siete veces por exceso de terquedad. Suelta cualquier expectativa que tengas acerca de la vida. En vez de esperar que pase algo diferente de lo que está pasando, dedícate a fluir con lo que es, con lo que sucede y ocurre en cada momento.

Efectos terapéuticos

Te permite fluir y disfrutar de la magia de la vida

Obedecer es la única libertad que te libera de tu anhelo de libertad. Sin embargo, para ganar esta *batalla* tendrás que trascender tu fuerza de voluntad. Por el contrario, el reto consiste en que seas lo suficientemente silencioso para poder escuchar la voz de tu corazón. Y que por medio de tu libre albedrío, concibas tus errores y perturbaciones como indicadores que te muestran el modo de alinearte con la voluntad de la vida. Así es como comienzas a fluir, disfrutando de la magia inherente a la vida. Cultivar la obediencia provoca una serie de efectos terapéuticos, erradicando de raíz la voluntad de tu ego y el libertinaje.

- Incapacidad para seguir forzando que suceda algo que hasta ahora solo te ha reportado conflicto y sufrimiento.
- Mayor habilidad para utilizar tu libertad para obedecer las leyes universales.
- Fortaleza para cuestionar y desenmascarar los sueños e ilusiones que proceden de la voluntad de tu ego.
- Disminución del miedo a soltar aquello que te has dado cuenta que no te corresponde tener.
- Pérdida de interés en seguir esforzándote, luchando y sufriendo por conseguir lo que tras siete intentos has visto que no pinta que vayas a lograr.
- Más sensibilidad a la hora de escuchar las señales que te manda el Universo, tomando decisiones encaminadas a hacer lo que la vida te está invitando a que hagas, una y otra vez.
- Ataques temporales de consciencia, en los que te sientes tan en paz contigo mismo que dejas de desear lo que falta y empiezas a fluir con lo que hay.

Nuestra única libertad consiste
en obedecer la voluntad de la vida.

SÉNECA

---

21. Aceptación
Para los que quieren cambiar el mundo a imagen y semejanza de sus egos

Consideraciones médicas

Lo que llamas «cultura» es una alucinación masiva

Si pudieras, acabarías con la guerra, el hambre y la pobreza. Si pudieras, eliminarías los ejércitos, las armas, el crimen y la delincuencia. Si pudieras, protegerías la naturaleza y cada una de las especies que habitan en ella. Si pudieras, cambiarías el sistema económico actual por otro que fomentara la igualdad de oportunidades entre todos sus individuos. Algo me dice que la lista de cosas que cambiarías sería infinita... Es un detalle muy bonito por tu parte que pienses de esta manera. Lamentablemente, no estás aquí para cambiar el mundo. ¡El viaje de la vida consiste en que aprendas a aceptarlo y amarlo incondicionalmente! Y esto es algo que nunca te han dicho. No en vano, naciste en una sociedad tan enferma como arrogante, totalmente desconectada de su dimensión espiritual. Nadie sabe nada acerca de las leyes que rigen el orden perfecto del Universo. Fuiste educado para que cambiaras aquello con lo que no estuvieras de acuerdo. Pero lo que vienes llamando «cultura» no es más que una alucinación masiva. Es la suma de las distorsiones subjetivas que los seres humanos se han venido transmitiendo de generación en generación. Tu visión profunda de la existencia es errónea, falsa y limitada. Por eso te ocupas de todos los asuntos menos de los tuyos. La vida funciona perfectamente por sí misma. No interfieras. En nombre de la humanidad, por favor, ¡deja de dar el coñazo de una vez!

Composición

Sé tú el cambio que quieres ver en el mundo

Luchar contra la realidad es inútil, aunque necesario para que te des cuenta de que es inútil. El sufrimiento derivado de intentar cambiar el mundo te enseña que el único cambio necesario es el que puedes realizar en tu conciencia. Lo mejor que puedes hacer por la humanidad es ser feliz y aprender a estar en paz contigo mismo. Coge toda la energía, el tiempo, y el compromiso que ahora mismo empleas para transformar lo externo y úsalos para modificar tu interior. Sé tú el cambio que quieres ver en el mundo. ¡Actúa! Pero ¡en la dirección correcta! Primero mira hacia dentro. Ocúpate de tus propios asuntos. Si quieres que cambie el sistema económico, cambia tu manera de ganar dinero, emancipándote de Papá Estado y Mamá Corporación. Si quieres preservar el medioambiente, consume menos o por lo menos solo compra productos 100 % ecológicos. Si quieres que haya más amor en la sociedad, ama a tu prójimo como a ti mismo. Pero ¡ámate primero a ti! Deja de ser parte del problema. Eso es todo. Las cosas cambiarán por sí mismas, a su debido tiempo y por medio de las personas correspondientes para hacerlo. El «querer cambiar el mundo» es un déficit de «aceptación». Se trata de una cualidad que se desarrolla cuando comprendes que existe un plan pedagógico que rige el orden del Universo, y que todo lo que sucede es lo necesario para que cada ser humano aprenda lo que ha venido a aprender.

Tratamiento

Acepta que todo es perfecto tal como es

Recuerda que no ves el mundo como es, sino como eres tú. Y que no te relacionas con los demás tal como son, sino con la imagen de cómo deberían ser según tu punto de vista. La realidad es el gran decorado en el que te proyectas a diario. Y también es el gran espejo en el que ves reflejadas tus luces y tus sombras. En el instante en que conviertes tus defectos en cualidades empiezas a ver la realidad tal como es, completamente neutra y necesaria. Así, todos los conflictos del mundo cesarán el día que la mayoría de los seres humanos resuelvan sus conflictos internos. Sé el primero en dar ejemplo. Durante tres meses, acepta y ama la realidad tal como es, aceptándote y amándote a ti mismo incondicionalmente. Pero disimula. No se lo digas a nadie. Se perturbarán a sí mismos por escuchar semejante blasfemia. Y dirán de ti que eres mala persona por ser tan frío, insensible e indiferente. ¿Cómo no van a pensar de este modo si han sido programados para ello? En la medida de lo posible, corta el cordón umbilical con la sociedad. Emancípate del sistema dentro del sistema. Deja de leer periódicos y ver las noticias en la tele. Desenchúfate del matrix y conéctate con tu realidad, dejando de vivir en el mundo imaginario creado por tu mente y tus pensamientos. Vive el momento presente. Y estés donde estés, da lo mejor de ti. Siempre.

Efectos terapéuticos

Te libera del sufrimiento transpersonal

Es imposible que puedas aceptar algo que todavía no has comprendido. Igual que el agua hierve al alcanzar 99 grados centígrados, cuando acumulas un cierto grado de energía y de entrenamiento, aumenta tu grado de consciencia. Y por ende, tu nivel de sabiduría sobre las leyes que gobiernan el orden perfecto del Universo. Solo entonces es posible que aceptes lo que es. Para beneficiarte de esta cualidad, tienes que haber desarrollado la evolución, la correspondencia, la ecuanimidad, el agradecimiento, la confianza y la obediencia. La aceptación provoca una serie de efectos terapéuticos, erradicando de raíz el querer cambiar el mundo. Al cultivar tu inteligencia transpersonal, cesa el sufrimiento que te provocas al relacionarte con la vida.

- Facilidad para no perturbarte a ti mismo cada vez que te hablan de alguna tragedia acontecida en el otro lado del mundo.
- Fortaleza para comprender y aceptar que incluso las cosas que te parecen más terribles son necesarias para quien las vive.
- Pérdida de interés en ir en contra del sistema, empleando tu energía para modificar tu manera de ganar y de gastar dinero.
- Ataques temporales de lucidez, en los que dejas que la vida se ocupe de sus propios asuntos.
- Discernimiento para saber cuándo te estás inmiscuyendo en los asuntos de la vida para no tomar responsabilidad por los tuyos propios.
- Disminución del uso de verbos como «tiene que», «debe de», «ha de», dejando de lamentarte por el estado del

mundo por no cumplir con la imagen mental que tienes de él en tu cabeza.

- Frecuentes episodios de ataraxia, en los que dejas de distorsionar la realidad, cesando para siempre tu sufrimiento.

La vida es la escuela a la que
hemos venido a aprender a vivir.

SÉNECA

VI

EL EXCIPIENTE
La vida como aprendizaje

Los principios activos que contienen los medicamentos no son fácilmente absorbidos por el cuerpo humano. De ahí que en farmacéutica se utilicen diferentes «excipientes», esto es, cápsulas, comprimidos, pastillas, supositorios o soluciones líquidas. Estos *vehículos* son lo que en última instancia posibilitan que el paciente pueda beneficiarse de dichas propiedades curativas.

Del mismo modo, para que este medicamento sane tu alma, no basta con leer los veintiún principios activos. Ni tampoco es suficiente con que los entiendas intelectualmente. Es imposible que absorbas las propiedades curativas de este libro por medio de tu mente. Es necesario que las experimentes. Solo así llegarán hasta tu corazón.

El excipiente del medicamento que sostienes en tus manos se llama «desarrollo espiritual». Este es el único *vehículo* capaz de llevarte a la curación que buscas: la erradicación definitiva de las enfermedades de tu alma. Solo por medio del entrenamiento y la práctica diarios puedes convertir tu ignorancia en sabiduría, transformando tu sufrimiento en felicidad.

De ahí la importancia de concebir la vida como un aprendizaje para aceptarte de forma incondicional, de manera que puedas aceptar la realidad sin condiciones. Y esto pasa por comprometerte, desde hoy mismo, con aprender de todo cuanto te suceda y de todas las personas con las que interactúas, momento a momento. Es fundamental que durante al menos los próximos tres meses este entrenamiento espiritual se convierta en tu máxima prioridad.

Recuerda que no hay ni un solo motivo en todo el Universo que merezca la pena para que te perturbes a ti mismo, pues, en esencia, todo es perfecto. El día que aprendas a ser feliz por ti mismo (0 % sufrimiento), a estar en paz con los demás (0 % reactividad) y a amar a la vida tal como es (0 % conflicto y lucha) comprenderás de qué estoy hablando. Mientras tanto, sigue entrenando.

VII

LA CURACIÓN
Agradecimientos

Si has seguido leyendo hasta aquí, solo espero que no te hayas tomado ninguna de estas reflexiones como algo personal. En parte, este libro me lo he escrito a mí mismo para recordar lo que no quiero volver a olvidar. Después de escribirlo me siento un poco más en paz conmigo mismo y con la vida. Y solo tengo palabras y sentimientos de agradecimiento por todas las dificultades y desgracias que he tenido la fortuna de experimentar a lo largo de mi vida. Cada una de ellas me ha aportado precisamente el aprendizaje que necesitaba para curarme y erradicar de raíz la ignorancia que tanto me ha hecho sufrir. Aprovecho estas líneas para dar las gracias a las tres mujeres más importantes de mi vida, ellas ya saben quiénes son. También agradezco el apoyo y la complicidad de mis compañeros de aprendizaje, cuya lista de nombres daría para otro libro. Y cómo no, gracias a ti, querido lector, por estar al otro lado. Espero que ahora mismo estés un poco más motivado para hacer frente a tu adversidad. Y por qué no, también a sonreírla.

VIII

BIBLIOGRAFÍA RECOMENDADA
Libros sobre Séneca y el Estoicismo

En el caso de que quieras seguir profundizando sobre la filosofía del Estoicismo en general y la obra de Lucio Anneo Séneca en particular, te recomiendo de corazón los siguientes libros:

- *Meditaciones*, de Marco Aurelio
- *Los siete hábitos de la gente altamente efectiva*, de Steven Covey
- *Un manual de vida*, de Epicteto
- *El hombre en busca de sentido*, de Viktor Frankl
- *Cartas a Lucilio*, de Lucio Anneo Séneca
- *Tratados morales*, de Lucio Anneo Séneca
- *Los estoicos: Epicteto, Séneca y Marco Aurelio*

También te recomiendo encarecidamente que te adentres en las enseñanzas de Gerardo Schmedling buscando por internet. Para ello, entra en el blog de www.borjavilaseca.com y busca el artículo «La Aceptología: la ciencia que nos libera del sufrimiento».

IX

SÚMATE A LA REVOLUCIÓN
Sé tú el cambio que este mundo necesita

Si después de leer este libro quieres sumarte a la revolución de la consciencia, te animo de corazón a que investigues los siguientes proyectos que vengo impulsando y liderando desde 2009.

KUESTIONA. Se trata de una comunidad educativa para buscadores e inconformistas. Su finalidad es democratizar la sabiduría para inspirar un cambio de paradigma a través de programas presenciales y online orientados a empoderar a nuestros alumnos, de manera que sepan crecer en comprensión y sabiduría en las diferentes áreas y dimensiones de su vida.

Más información en www.kuestiona.com.

LA AKADEMIA. Se trata de un movimiento ciudadano consciente que promueve educación emocional y emprendedora gratuita para jóvenes de entre dieciocho y veintitrés años. Su misión es acompañar a estos chavales para que aprovechen la crisis de la adolescencia para descubrir quiénes son y cuál es el auténtico propósito de sus vidas, de manera que puedan reinventarse y prosperar en la nueva era.

Más información en www.laakademia.org.

TERRA. Se trata de una escuela consciente regida desde un nuevo paradigma educativo, cuya finalidad es ofrecer una verdadera educación a los alumnos de entre dos y dieciocho años. En vez de prepararlos para superar la prueba de la selectividad, los prepara para disfrutar plenamente de la vida.

Más información en www.terraec.es.

Si te apetece seguir conociéndote a ti mismo para erradicar de raíz la causa de tu sufrimiento, te animo a que le eches un vistazo a mi curso online «Encantado de conocerme. Introducción al autoconocimiento a través del Eneagrama». Esta herramienta describe a grandes rasgos los nueve tipos de personalidad que existen en la condición humana. Es como un espejo en el que podrás ver reflejado tu lado oscuro (el ego) y tu parte luminosa (el ser). En este sentido y a modo de agradecimiento por la confianza que has depositado en mí al adquirir este libro, te hago un descuento del 50 %. Para beneficiarte, solamente tienes que ir a mi web www.borjavilaseca.com, seguir los pasos de compra e introducir el cupón de descuento: «SENECA». Si quieres, hoy mismo puedes empezarlo desde el salón de tu casa. ¡Buen viaje!

Descubre la biblioteca
BORJA VILASECA